守望者
The Catcher

阅读　你的生活

万民法

公共理性理念再探

The Law of Peoples

With "The Idea of Public Reason Revisited"

[美] 约翰·罗尔斯 著
（John Rawls）

陈肖生 译

中国人民大学出版社
·北京·

前　言

20世纪80年代后期以来，我就不时地想阐述我曾经称为"万 ^[v]
民法"的思想。我一开始选择"人民"（peoples）而非"民族"
（nations）或"国家"（states）这一称谓，因为我构想中的"人民"
的特征，有别于"国家"的特征。国家的理念，如传统所构想的
那样，包含着两种主权权力（参见§2.2），因而就我要表达的思
想而言，它并不贴切。接下来的几年，我在此研究主题上投入了
更多的时间，并且于1993年2月12日——林肯的诞辰——在牛
津的大赦讲座（Oxford Amnesty Lecture）上以"万民法"为题做
了一次演讲。那次演讲提供了一个机会，让人们可以缅怀林肯总
统的丰功伟绩（我在演讲的结论中提到了这点）。不过我对此次演
讲一直不满意，并且对基于此次演讲所发表的论文［该文最初收
录于 On Human Rights：The Oxford Amnesty Lectures，1993，ed.
Stephen Shute and Susan Hurley（New York：Basic Books，1993）］
同样不满。单单一次讲座涵盖不了太多东西，而演讲涉及的也只
是一些初步的想法，并可能会招致误解。而在1997年至1998年
完成的目前这个版本（修改自1995年4月我在普林斯顿大学所
开的三次讨论班的内容），较之前要成熟得多，也总算令我比较
满意。

在对手稿进行最后一次修订之前，我完成了《公共理性理念再
探》［"The Idea of Public Reason Revisited"，原刊于 *The University*

of Chicago Law Review, 64（Summer 1997）] 一文，其后收录在
我的《论文集》（哈佛大学出版社，1999）里。在这篇文章中，我
提出公共理性的约束体现于建立在自由主义的政治观念（该观念
首次在 1993 年的《政治自由主义》中提及）之上的现代立宪民主
社会里。我详尽地阐明了为什么这种约束是宗教性和非宗教性的
整全性观点的持有者都可以合乎情理地予以接受的。公共理性的
理念也是万民法的核心组成部分。这种万民法将一种社会契约的
理念扩展至万民社会中，还制定出了可能并且应该得到自由社会
和非自由（但正派的）社会接受的普遍原则，这些原则将作为规
约它们彼此对待行为的准则。正因如此，我希望两篇论文于同一
本书内出版。这两篇文章合在一起，代表了我对如下问题的最终
思考：合乎情理的公民们以及合乎情理的诸人民，怎样才能在一
个正义的世界里和平共处？

这几年来，帮助过我并使我的这些思想得以形成和成熟的
人数不胜数，无法一一提及，但我要特别感谢埃琳·凯利（Erin
Kelly）、斯坎伦（T. M. Scanlon）、珀西·莱宁（Percy Lehning）、
涛慕思·博格（Thomas Pogge）以及查尔斯·拜茨（Charles
Beitz）。我希望他们知道，我无比感谢他们花时间对本书的许多
手稿进行评论，并且我从他们有见地的评论中获益良多。

我尤其感谢萨缪尔·弗里曼（Samuel Freeman），他在编辑完
我的《论文集》并编制了索引后，又欣然承担为本书编制索引这
项繁重的工作。他完成了一项卓越的工作，既周详又专业。

最后，我要特别感谢已在 7 月逝世的、我的挚友兼同事伯

[vi]

顿·德雷本（Burton Dreben）。伯顿总是给我巨大的帮助，协助我形成相关理念、组织并厘清思想，以及消除那些可能导致混乱的地方。过去的三年里，我卧病在床。他和我的妻子玛蒂（Mardy）一起，不辞劳苦地鼓励督促我完成著作，并在各版手稿相继完成时提出了许多细致的编辑建议。一如既往，我要向伯顿表示无尽的感谢。

目　录

万民法

公共理性理念再探

万民法

导　论

1. 我所使用的"万民法"（Law of Peoples）[1] 这个术语，指 [3]
一种特定的有关正当和正义的政治观念，它用于指导一些规约国
际法和实践的原则规范的制定。我将使用"万民社会"（Society
of Peoples）这个术语，去指称那些在他们彼此相处中追随万民法
理想和原则的人民。这些人民各自在他们内部拥护自己的政府，
这些政府可能是自由主义的立宪民主的政府，也可能是非自由但
正派（decent）[2] 的政府。在这本书中，我将讨论万民法的内容
是如何从一种自由主义的正义观念中发展出来的，这种观念与我
在《正义论》（1971）中称为"作为公平的正义"[3] 的观念相似，
但较之更为普通。这种正义观念建立在为人们所熟悉的社会契约 [4]
理念之上，并且在一人民内部社会和诸人民之间的这两种情形
中，选择和商定正当和正义原则的程序在某些方面是相似的。我
将讨论这样一种万民法 [4] 是如何满足某些条件的，也正是这些条

件的满足使得万民社会能够有辩护地被称作一个**现实主义乌托邦**（Realistic Utopia）（参见§1）。并且我还会回过头来解释为什么我使用"人民"（peoples）而不是"国家"（states）这一术语[5]。

在《正义论》的第58节中，我指出了"作为公平的正义"如何可以扩展到国际法（我在那里是使用了这样的称谓）中去，但仅限于判断正义战争的目标和限度。我在这里讨论的万民法涵盖的范围更广。我先考察各人民内部社会（domestic society）的五种类型。第一种是**合乎情理的自由人民**。第二种是**正派人民**（参见注释2）。一个正派人民的社会基本结构具有我称之为"正派的协商等级制"（decent consultation hierarchy）的等级制，并且我将这些人民称为"正派的等级制人民"。也许还有其他类型的正派人民，但我不打算去描述他们，而只是保留其存在的可能性。这样一来，就有可能存在其他类型的正派人民，他们的基本结构并不符合我所描述的协商等级制，但他们仍配得上成为万民社会的一员。[我把自由人民和正派人民统称为"组织有序的人民"（well-ordered peoples）。][6] 还有第三种社会，即**法外国家**（outlaw states）；以及第四种社会——**因不利状况而负担沉重的社会**（societies burdened by unfavorable conditions）。最后是第五种，我们有些社会是**开明专制**（benevolent absolutisms）：它们尊重人权，但因为其社会成员参与并做出政治决定的这个有意义的角色被否定了，它们就并不是组织有序的社会。

本书对一般的社会契约理念扩展到万民社会的步骤说明，分三个部分展开，包括我所谓的理想理论和非理想理论。在本书第

Ⅰ部分，也就是理想理论的第一部分，涉及将一般的社会契约理念扩展到由诸自由民主人民所组成的社会中去。在本书第Ⅱ部分，[5]也就是理想理论的第二部分，我考虑的是将同样的理念扩展到诸正派人民组成的社会中去。尽管其并非自由民主的社会，但他们具有某些特征使其可以成为一个合乎情理的万民社会中资质良好（in good standing）的一员。如果我们能表明，两种类型——自由的和正派的——的社会，都会在同一种万民法上达成一致的话，那么社会契约理念在理想理论部分的扩展就完成了。之所以说一个万民社会在合理程度上是正义的，是因为其成员在处理彼此关系时都遵循那个在合理程度上是正义的万民法。

第Ⅱ部分的目的，是要表明接受和遵循万民法的正派的非自由人民是可能存在的。为了服务此目的，我构想了一个非自由的伊斯兰人民的例子，我将之称为"卡赞尼斯坦"（Kazanistan）：卡赞尼斯坦不侵略其他人民，并且遵循万民法；它尊崇人权，并且它的基本结构包含着一种正派的协商等级制度（我将在下面描述其特征）。

第Ⅲ部分处理两种非理想状况。一种处理不服从的状况，也就是某些政体拒绝服从合乎情理的万民法的问题。我们可以将这些政体称为法外国家，并且我将讨论其他社会——自由人民和正派人民——可以采取什么措施去反对它们并捍卫自身。另一种处理不利的状况，这些社会的历史和经济环境使它们建立一个组织有序的政体——无论是自由的还是正派的——变得异常艰难，如果不能说是不可能的话。对于这样的负担沉重的社会，我们必须要问：自由或正派的人民对这些社会负有多大的援助责任，以使得这些社会能够建立它们自己合理程度上正义或正派的制度呢？无论可能性有多小，当所有的社会都有能力建立一个自由或正派的政体时，万民法的目的也就完全达到了。

2. 这本万民法的专著，不是关于国际法的论文或教科书，而是一本严格地聚焦于一种现实主义乌托邦是否可能，以及这种现实主义乌托邦将在什么条件下达成这一问题的书。当政治哲学扩展了原来被认为是政治实践的可能性的限度时，它就是现实主义乌托邦。我们对未来社会的希望，建立在如下信念之上：此社会世界的本性允许一种相当正义的立宪民主社会，可以作为万民社会的一员而存在。在这样一个万民社会里，自由和正派的人民在其内部和外部都实现了和平与正义。说这种社会是一个现实主义乌托邦，因为它描绘了一种可达至的社会世界，在这个万民社会中，所有自由和正派的人民都实现了政治正当和正义。《正义论》和《政治自由主义》试图表明一个自由社会是如何可能的 [7]。而《万民法》希望表明，一个由自由和正派的人民组成的社会世界是如何可能的。当然，许多人会说它是不可能的，并且那些乌托邦的要素在一个社会的政治文化中可能是一种严重的缺陷 [8]。

与此种观点相反，尽管我并不否认乌托邦的要素可能会被错误地构想，但我相信一种现实主义乌托邦理念仍然是不可或缺的。有两个理念推动了万民法的构想。一个理念是由政治不正义及冷酷无情、麻木不仁所带来的人类历史上的巨大罪恶——不正义战争与压迫，宗教迫害与对良心自由的否定，饥饿与贫困，更不用说种族灭绝与大屠杀了。(在这里,政治正义的理念与《政治自由主义》[9]里面所讨论的是一致的,万民法正是从这种理念中发展出来的。)另一个理念(与第一个理念很明显是相互联系着的)是:如果遵循正义的(或至少是正派的)社会政策和建立起正义(或至少是正派的)的基本制度就可以把最严重形式的政治不正义清除的话,那么这些最大的恶最终也会被消灭。我将这些理念与一种现实主义乌托邦理念联系起来。追随卢梭在《社会契约论》(在后面第 I 部分 §1.2 有引用)开篇的观点,我将假定他的一个短语"如其所是的人们"(men as they are)指的是人们的道德和心理本性,以及这种本性是如何在一个政治和社会制度框架内发挥作用的[10];另一个短语"如其可能是的法律"(laws as they might be)指的是法律的应然状态即它应该是什么样子的。我还将假定,如果我们在一个合乎情理的和正义的政治与社会制度下成长,那么到了成熟的年龄我们就会认同这些制度,而这些制度也会历时而存续下去。在这种语境下,说人性本善就是说在合乎情理的和正义的制度——满足那一类合乎情理的自由主义的正义的政治观念家族中的任何一种正义观念的制度——之下成长起来的公民,将会认同这些制度并且采取行动去确保他们社会世界的存续。[作为一个突出的特征,那一类合乎情理的自由主义的政治正义观念家族中的每一个都满足**相互性**(reciprocity)的标准。][11]这样的制度可能很稀少,但如果它们存在,那么它们肯定是我们能够理解、认可、同意和践行的。我认为这种设想的情形是现实的——它可以存在也可能会存在。我说它也是一种乌托邦的以及是极为可欲的，因为它将合情理性、正义与那些使得公民可以去实现他们的根本利益的条件结合起来了。

[8]　　3. 作为聚焦于一种现实主义乌托邦理念的一个后果，许多使公民和政治家感到困扰的现代外交政策中的紧迫问题，就被整个地搁置不论或只是做一些简单讨论。我在此简单讨论三个重要的例子：不正义战争、移民，还有核武器和其他大规模杀伤性武器。

不正义战争问题的一个关键事实是：立宪民主社会之间相互不开战（§5）。这并不是因为这样的社会里的全体公民都特别正义和良善，而是因为他们根本就没有与对方开战的理由。将民主社会与欧洲现代早期的民族国家做个比较就看得很清楚了。英格兰、法兰西、西班牙、哈布斯堡王朝统治下的奥地利、瑞典以及其他国家，为了领土、真确的宗教、权力和荣耀、阳光下的土地而不断地进行王朝战争。这些都是君主和王室之间的战争，这些社会的内部制度结构使它们天生具有侵略性，并敌视其他国家。民主的人民之间保持和平的关键在于民主社会的**内部**结构，它们不易被引诱去进行战争，除非为了自卫或对不正义社会的严重危机进行干预以保护人权。因为立宪民主社会对彼此而言都是安全的，和平就在它们之间占主导地位。

考虑一下第二个问题——移民问题，在§4.3我提出：无论从历史的观点看，一个社会的边界划定多么随意，但政府的一个重要角色之一，就是作为人民的有效行动者，对自己的领土、人口规模以及土地的完整性负起责任。除非将资产保值以及承担因失职造成损失的责任指派给一个确定的行动者，否则资产就会倾向于贬值。我认为财产制度的作用就是防止这种贬值发生。在我们当前所讨论的情形中，资产就是人民的领土及其**永久供养人民的能力**。行动者则指政治上组织起来的人民自身。上述永久性条件是至关重要的。人民必须认识到：他们无法通过战争征服或未经其他人民同意迁徙到其领土上去，来弥补未能管理好自己的人口或照料好自己的土地的过失。

移民的原因多种多样。我将提及一些，并认为它们将在自由和正派人民的社会中逐渐消失。移民的一个原因是对少数教派和少数族裔的迫害，剥夺他们的人权；另一个原因是各种形式的政治压迫，如在因争夺权力与领土进行王朝战争时，农民阶级的成员被君主征召入伍或成为雇佣军[12]。更为常见的是，人民逃离家园只是为了躲避饥荒，如 19 世纪 40 年代爱尔兰饥荒中出现的情况。但饥荒发生很大程度上是因为政治上的失败以及缺乏一个正派的政府[13]。我要提及的最后一个原因是领土之内的人口压力，造成这种压力的错综复杂的原因当中，包括女性的不平等和屈从地位。一旦消灭了这些不平等和屈从，保证女性与男性一样平等参与政治及接受教育，那么这些问题就能迎刃而解。因此，对于一个现实主义乌托邦而言，宗教自由与良心自由，政治自由与诸种宪法自由，以及女性能享受到的平等正义，都是合理社会政策的至关重要的方面（参见 §15.3–§15.4）。这样，移民的问题就并没有被简单地搁置不论，而是在现实主义乌托邦中被当作一个严重问题解决了。

我将只简单地提及一下核武器和其他大规模杀伤性武器的问

题。在合理程度上是正义的自由人民和正派人民中，对这些武器的控制是相对容易的，因为它们会被有效地禁止。这些人民没有与对方开战的理由。但只要还存在着——如我们所假定的那样——法外国家，那么自由和正派的人民就有需要保留一些核武器，以警告法外国家勿胡作非为，以及确保它们不拥有也不使用这些武器去对付自由和正派的人民。如何将此事做得最好，需要专门的知识，而这种知识是哲学提供不了的。当然，核武器到底能不能使用，在什么情况下才能使用，这仍然是一个非常大的道德问题（参见 §14 的讨论）。

[10]　　　4. 最后，很重要的是要看到，万民法是从政治自由主义内部发展出来的，并且它是将一种适合自由社会内部的自由主义的正义观扩展到万民社会的结果。我要强调，在从一种自由主义的正义观内部发展出万民法之时，我们制定的是合理程度上正义的**自由人民**的**外交政策**的理想和原则。我们关注的是一个自由人民的外交政策，这一点贯穿始终。我们继续关注正派人民的观点，不是要替**他们**开列正义原则，而是要使我们自己确信：一个自由人民的外交政策的理想和原则，从一个正派但非自由人民的观点来看，同样是合乎情理的。对这种确信的需要，是该自由主义观念的一个内在特征。万民法坚持认为正派但非自由的观点是存在的，并且非自由人民应该得到多大程度的宽容是自由人民的外交政策必须面对的一个至关重要的问题。

　　　　我在这里所阐述的基本理念，追随康德在其《永久和平论》（*Perpetual Peace*，1795）中的思想以及他的和平联盟（*foedus pacificum*）的理念。我将此理念解释为：我们从一个立宪民主政体的自由主义政治观念的一种社会契约理念开始，然后通过在第二层次上引入第二个原初状态——自由人民的代表在其中与其他自由人民达成一个一致协议——来将这种理念扩展。我在§3-§4中进行了这项工作，然后在§8-§9中再考虑与非自由但正派的人民达成一致协议。每个这样的协议都要理解为假设性的、非历史的，并且这些协议是由被对称性地置于原初状态之内、置于恰当设定的无知之幕之后的平等人民达成的。因此，人民之间订下的这种协议是公平的。所有这些也符合康德的如下理念：立宪政体必须要建立起一种有效的万民法，以便使其公民的自由能够充分实现 [14]。我并不能预先肯定这种达至万民法的路径将会奏效，我也没有坚持认为其他达至万民法的路径是不正确的。如果能殊途同归的话，那么这样的"殊途"越多越好。

注释：

[1] Law of Peoples 这个名称，源于传统的"*ius gentium*"（调整罗马人与外国人之间关系的法律，即万民法），并且"*ius gentium intra se*"这个短语指的是所有人民间法律中共同的东西。参见 R. J. Vincent：*Human Rights and International Relations*（Cambridge and New York：Cambridge University Press，1986），p. 27。但我并不是在此意义上使用"万民法"这个术语的。我所讲的"万民法"，是指用于规约各人民（将在§2定义）间的政治关系的特定政治原则。

[2] 我用"正派"这个术语去描述这样的非自由社会：其基本制度满足特

定的政治正当及正义条件（这包括公民有权通过结成社团或团体的形式在做政治决定的过程中发挥一种实质性作用），并且能够引导其公民去尊崇万民社会中合理程度上正义的法律。本书第 II 部分将会重点讨论"正派"这个术语。我对"正派"这一术语的使用与阿维夏伊·玛格利特（Avishai Margalit）不同，在其《正派社会》[*The Decent Society* （Cambridge，Mass.：Harvard University Press，1996 ）] 中，玛格利特强调了对社会福利的考量。

[3] 我想通过黑体来指明"作为公平的正义"是一种特殊的正义观的名字。书中接下来就不再用黑体突出强调了。

[4] 在这本书中，我有时候说"**一种**万民法"（*a* Law of Peoples ），有时候直接说"**此种**万民法"（*the* Law of Peoples ）。我们接下来会看得很清楚，并不存在一种唯一可能的万民法，而是存在一类满足（我将会界定）某些条件和标准的万民法，它们都能令那些承担商定万民法的具体内容任务的人民代表感到满意。

[5] 在 §2 中，我将更加充分地解释"人民"的含义。

[6] "组织有序"这个术语来自博丹（Jean Bodin），在其《共和国六论》（*Six Books of the Republic*，1576 ）的开篇，他提到 "*République bien ordonnée*"。

[7] 参见 *Political Liberalism*（New York：Columbia University Press，1993 ），以及 1996 年的平装本，该平装本附有第二篇导论，以及《答哈贝马斯》（"Reply to Habermas"，原刊于 *Journal of Philosophy*，March 1995 ）。我此处的评论引自第二篇导论的结尾段落。

[8] 我在此处想到的是卡尔（E. H. Carr）的 *The Twenty Year Crisis, 1919-1939: An Introduction to the Study of International Relations*（London：Macmillan，1951 ），以及他对乌托邦思想的著名批评（我的引用来自 Harper Torchbook 的 1964 年版）。卡尔可能正确地认识到：乌托邦的思考方式在英法两国两次世界大战期间的政策制定上扮演了有害的角色，并最终引发了第二次世界大战。参见他批评所谓"利益的和谐"的第 4 章

和第 5 章。但是，卡尔的利益和谐理念，指的并不是哲学思想，而是强权政治家的痴心妄想。例如丘吉尔曾经评论道"不列颠帝国的命运以及它的荣耀，与整个世界的命运不可分离地交织在一起"（第 82 页）。尽管卡尔批评乌托邦主义，但他从未质疑道德判断在塑造我们的政治见解上的核心作用；他将合乎情理的政治见解，看作现实主义（权力）和乌托邦主义（道德判断和价值）之间的一种**妥协**。与卡尔的理念不同，我的现实主义乌托邦的理念，并不满足于作为权力与政治正当及正义间的一种妥协，而是为权力的合乎情理的应用设定了限制。否则，正如卡尔认识到的那样（第 222 页），权力本身就决定了妥协应该是什么样子的。

[9] 参见 John Rawls, "The Idea of Public Reason Revisited," in John Rawls, *Collected Papers*, Samuel Freeman ed. (Cambridge, MA: Harvard University Press, 1999), pp. 573-588。

[10] 卢梭还提道："道德问题中的可能性的限度，并不如我们所想象的那么狭隘。正是我们的弱点、我们的罪过、我们的偏见束缚了我们对它的认识。卑鄙的灵魂是绝不会信任伟大的人物的；下贱的奴隶们则带着讥讽的神情嘲笑着'自由'这个词。"参见 *The Social Contract*, book Ⅱ, chap. 12, para. 2。

[11] 参见 John Rawls, "The Idea of Public Reason Revisited," in *Collected Papers*, pp. 574, 577-579。

[12] 可以回想一下，黑森佣兵（the Hessian troops）抛弃了英军，并在美国革命之后成为美利坚公民。

[13] 参见本书第Ⅲ部分 §15.3 中关于阿马蒂亚·森（Amartya Sen）的注释 35。

[14] 参见康德的 *Theory and Practice*, part Ⅲ: Ak: Ⅷ: 308-310，在那里，康德考虑了与国际法权实践有关的理论，或者如他所言，他是从一个世界主义的观点出发去考量这些理论的；同时参考《普遍历史观念》（Idea for a Universal History）文中的第七个命题，见 Ak: Ⅷ: 24ff。

第 I 部分
理想理论的第一部分

§1 作为现实主义乌托邦的万民法

1.1 现实主义乌托邦的含义。如我在导论中所提到的那样，当 [11] 政治哲学扩展了原来被认为是政治实践的可能性的限度时，同时使我们与我们的政治和社会状况实现调和，它就是现实主义乌托邦。我们对未来社会的希望，建立在如下信念之上：此社会世界允许合理程度上正义的立宪民主社会作为合理程度上正义的万民社会的一员而存在。给定社会法则和趋势，在合理且有利的历史条件是可能的情形下，合理程度上正义的立宪民主社会将会是什么样子的呢？这些条件又是如何与那些影响人民之间关系的社会法则和趋势联系起来的呢？

这些历史条件包括，在一个合理程度上正义的立宪民主社会中，存在着合理多元论的事实（the fact of reasonable pluralism）[1]。在万民社会中，与合理多元论相似的是具有不同文化和不同（宗教和非宗教的）思想传统的合乎情理的人民之间的多样性。即使两个或更多的人民拥有自由立宪政体，但他们的宪法观念可能是有差异的，并且可能表达了自由主义的不同分支的思想。一种[12]（合乎情理的）万民法，必须在有如此差异的合乎情理的人民看来是可接受的；同时，该万民法必须在这些人民间保持公平，并且能有效地塑造他们更广泛的合作体系。

在历史上的许多时期，人们常说各人民在其社会内部是通过认同同一个整全性学说而统一起来的（尽管他们可能并不真的是这样），但无论如何，在此时此地，合理多元论的事实限制着什么是从实践上讲可能的东西。我认识到，这关涉如何识别实践可能性的限度，以及我们的社会世界事实上的状况究竟如何的问题。还要注意的是，可能性的限度并不是由现实给定的，因为我们或多或少可以改变政治和社会制度以及其他许多方面。因此我们不得不依靠推测和揣摩，尽我们所能地去论证：我们所展望的社会世界是可行的，并且是有可能现实地存在的，如果不是现在就能存在，也许在将来某些更加有利的条件下可能会存在。

最终，我们想问：在诸人民之间或人民内部出现的合理多元论，是不是一种我们应该与之实现调和的历史状况呢？尽管我们有时可以想象一个更加幸福的世界——在那里，每一个人或所有人民，都具有与我们相同的信仰——但这种设想被自由制度的性质和文化排除了，这并不是我们的问题。为了表明合理多元论并不是一种令人遗憾而要改变的状况，我们就必须表明：给定社会中存在替代方案，合理多元论的存在将允许一个具有更高水平政治正义和自由的社会的出现。若能有力地论证这一点，我们将与当前的政治社会状况实现调和。

1.2 自由人民内部社会成为现实主义乌托邦的条件。 一开始，我将描述一下作为现实主义乌托邦的具有合理程度正义的立宪民主社会（下文中我有时将之简称为一个自由社会），并且考察这种社会成为现实主义乌托邦的六个必要条件。然后，我将考察一下，这些条件对一个具有合理程度上正义和正派的、遵守万民法的诸人民所组成的社会是否适用。如果这些条件仍然适用，那么万民社会也是现实主义乌托邦的一种情形。

（ⅰ）一种自由主义的正义观要成为**现实的**，必须满足两个条件。第一，它必须依赖实际的自然规律，且具有这种规律所允许的稳定性，也就是基于正当理由的稳定性[2]。对于人，这种正义观考虑（依据自然规律确定的）他们所是的状况；对于宪法和民法，考虑它们可能是什么样子，也就是考虑它们在一个合理程度上正义的、组织有序的民主社会中可能是的样子。在这里，我遵循卢梭在《社会契约论》开篇提出的思想：

> 我的目的是要去考察一下，在一个政治社会里，是否有任何合法和确定的管治原则，对于人，它能考虑他们所是的状况，而对于法律，它能考虑它们可能是的样子。在这种探究中，我将总是尝试将正当所允许的东西与利益所要求的东西结合起来，以便使正义与效益两者绝不出现分歧。

第二，该观念的首要原则和准则，必须可应用于一种持续运

[13]

作的政治社会安排，并且是切实可行的。在这里，参考下面这个
例子是有益的：考虑一下"作为公平的正义"中所使用的基本益
品（各种基本权利和自由权项，各种机会、收入和财富，以及自
尊的社会基础）概念，其主要特征之一就是它们是切实可行的。
一个公民对这些益品的分享份额，是可以公开地予以考察的，并
且也可以在公民间做所需的比较（即所谓的人际比较）。我们可以
在不诉诸如人们的总体效用这样不太切实可行的理念的情况下，
或在不诉诸阿马蒂亚·森所谓的践履各种功能的基本能力[3]的情
况下，就可以去做那种人际比较。

[14]　　（ii）一种正义的政治观念要成为一种**乌托邦**的必要条件是：
它使用政治性的（道德的）理念、原则和概念去设定一个合乎情
理的、正义的社会。存在着诸种合乎情理的自由主义的正义观组
成的一个家族，这个家族中的每一种正义观都具有以下三个标志
性的原则：

> 第一个原则列举了一个立宪政体中为人们所熟悉的那类
> 基本权利和自由权项；
> 第二个原则将一种特殊的优先性赋予这些权利、自由权
> 项和机会，尤其是在基于公共利益和完善论的价值方面；
> 第三个原则为所有公民确保了所必需的基本益品，使得
> 他们可以明智、有效地运用他们的自由。

这些正义观的原则还必须满足相互性标准（the criterion of
reciprocity）。此标准要求，当那些条款被当作最合乎情理的公平

合作条款而提出之后，提出这些条款的人必须也认为其他人——他们也是自由而平等的，而不是被支配或被操控的，或由于处于较低的政治或社会地位而面临压力的公民——接受这些条件至少是合乎情理的 [4]。诚然，公民们也许会在哪个观念是最合乎情理的正义观这个问题上有分歧，但他们应该能同意所有这些观念都是合乎情理的，即便只是勉强如此。这些自由主义中的每一个流派都同意如下理念：公民作为自由平等的人的理念，以及社会作为一个持续的公平合作体系的理念。但由于这些理念可以多种方式做解释，那么我们将会得到对正义原则的不同表述，以及具有不同内容的公共理性 [5]。政治观念之间的差异还体现在它们如何有序化以及平衡政治原则和政治价值，即使它们将相同的原则和价值视为意义重大的。这些不同的自由主义流派包含着不同的实质性的正义原则，因此它就不仅仅是一种程序正义。这些原则被要求去界定自由平等的公民的宗教自由权、艺术表达自由权，以及确保一种实质性公平的理念：确保机会公平以及足够的通用手段（all-purpose means）等等 [6]。 [15]

（iii）一种现实主义乌托邦要求：政治的范畴必须将一个正义的政治观念的所有本质要素涵括进自身。例如，在政治自由主义中，人被看作公民，并且一种正义的政治观念是从存在于自由主义立宪政体的公共政治文化中的政治（道德）理念中发展出来的。一种自由公民的理念是由自由主义的政治观念来决定的，而不取决于任何整全性学说，这些学说总是倾向于越出政治的范畴。

（iv）因为合乎情理的多元论的事实存在，立宪民主必须设立各种政治和社会制度，它们能够有效地引导其公民（当他们逐渐长大并参与社会合作时）获得恰当的正义感。这样一来，这些公民就将有能力理解该政治观念的原则和理想，对它们做出解释并将它们应用到面临的各种情形中。当公民所处的境况有所要求时，他们一般都会被驱动去按照这些原则来行动。这就形成了一种基于正当理由的稳定性。

既然自由主义的观念要求公民有各种德性，那么必要的（政治）德性就是政治合作的德性，如一种公平感、宽容感以及与他人妥协的意愿。还有，即使许多公民有时候背离正义原则，自由主义的政治原则和理想仍然可以在社会的基本结构中得到满足，只要那些背离行为的影响能够被其他人的足够多的恰当行为抵消[7]。政治制度的结构仍然保持着持久的正义和（基于正当理由的）稳定性。

[16]　　　这一现实主义乌托邦的理念是制度性的，这点很重要。从自由人民内部的社会情形来看，它与公民成长过程中经历的制度和实践之下的行为方式本身是相连的。而在诸人民之间的情形中，它与各人民历史性地发展出他们的品格的方式是相联系着的。我们的论证依赖于一些由历史知识和反思确立起来的社会行为的事实。例如，从历史上看，政治和社会统一不建立在宗教统一之上的事实，以及组织有序的民主的人民之间不交战的事实。在我们接下来的论证中，这些观察以及其他一些观察都将十分重要。

（v）因为宗教、哲学或道德的统一对于社会统一而言既不可能也不必要，如果社会稳定不仅仅是一种权宜之计（modus vivendi）的话，那么它必须建立在一种关于正当和正义的合乎情

理的政治观念之上，并获得由各种整全性学说所达成的一种重叠
共识的认可。

（vi）该政治观念应该包括一种合乎情理的宽容理念，它整个
是从那些归属于从政治范畴中推导出来的理念[8]。不过此条件并
不总是必要的，如我们可以想象这样一种情形——社会中存在的
所有整全性学说本身就能提供这样一种宽容的观点。但不管怎样，
如果该政治观念在其自身中包含了一种合乎情理的宽容理念，那
么它自身就能得到巩固，因为宽容的合情理性将会经由公共理性
展示出来。

1.3 万民社会成为现实主义乌托邦的相应条件。假定上述 [17]
§1.2 恰当地指出了使得一种在合理程度上正义的立宪民主成为
"一个现实主义乌托邦"所必需的条件，那么使得一个在合理程度
上正义的万民社会成为现实主义乌托邦的相应条件是什么呢？在
这里要详细讨论的话，将会是一个很大的论题。在我们的讨论进
行下去之前，指出一些相应的条件可能是大有裨益的，因为这样
做会预示着接下来要做的论证。

我相信，前四个条件在两种情形中都是一样强有力的：

（i*）由诸组织有序的人民组成的一个在合理程度上正义的万
民社会，与一个自由或正派的社会一样，是以同样的方式成为**现
实的**。在这里，对于人民，我们还是考虑他们所是的状况（即他
们在一个合理程度上正义的民主社会里被组织起来的状况）；对
于万民法，考虑它们可能所是的状况，也就是考虑它们在一个由
诸正义的和正派的人民所组成的合理程度上正义的社会可能是什

么样子。一种合乎情理的万民法的内容，是通过对原初状态的二次使用来确定的，在这个原初状态中，原初各派被理解为各人民的代表（§3）。在这里，是人民而不是国家的理念就变得非常关键：它使得我们可以将道德动机——对万民法原则的一种忠诚，例如只能为了自卫而发动战争——赋予（作为行动者的）人民，但我们却不能将之赋予国家（§2）[9]。

万民法还以第二种方式成为现实的：它是切实可行的，并且是可应用到各人民间持久的、合作性的政治安排以及关系上的。但只有待我们把万民法的内容勾勒出来后（§4），我们才能表明这一点。现在，我们只强调如下这点就足够了：万民法能够以人民的自由和平等这样为人们所熟悉的术语表达出来，并且涵盖了诸多法学的、政治的（道德的）理念。

（ii*）一个合理程度上正义的万民法是一种**乌托邦**体现在：它使用了政治的（道德的）理想、原则以及概念去为万民社会界定了什么是合理程度上正当和正义的政治和社会安排。在自由人民内部社会的情形中，自由主义的正义观念区分了合情理性（the reasonable）与理性（the rational），它介于利他主义和利己主义之间。万民法复制了这些特征。例如，我们说（§2）一人民的利益是由他们的领土、合理程度上正义的政治和社会制度，以及他们自由的公民文化及各种各样的社团来界定的。这些各种各样的利益奠定了合情理性与理性的区分，并且向我们表明了人民之间的关系何以持久地保持正义和（基于正当理由的）稳定。

（iii*）一种正义的政治观念的所有基本要素都必须包含在政

[18]

治范畴之内。如果我们将一种为立宪民主制定的自由主义的政治观念扩展到各人民之间的关系上，那么万民法就能满足该条件。这种扩展能否成功地进行，目前我们尚未探明这一点。但无论如何，政治的扩展总还是政治的，并且整全性学说无论是宗教、哲学或道德的，都会越出政治。

（iv*）一个合理程度上正义、有效的制度过程在多大程度上能够使不同组织有序的社会的成员发展正义感，并支持其政府尊重万民法，在更宽广的万民社会中，各个社会的情况可能有所不同。合理多元论的事实，在一个由诸组织有序的人民所组成的万民社会中，比在某一人民的社会中表现得更加明显。对万民法的忠诚，并不需要在所有社会中都同等地强烈，但理想地说，它必须是足够的。我将在 §15.5 中以亲和感（affinity）为题讨论此问题。我认为对万民法的忠诚度如果减弱，那么上述制度过程可能也会显著地减弱。

这带出了余下的两个条件：

（v*）一个合乎情理的万民社会的统一，并不要求宗教的统一。万民法为万民社会提供了公共理性的内容，这与在民主社会中正义原则为该社会的公共理性提供内容是类似的。

（vi*）宽容的论证，源自在一个更广阔的万民社会中同样也成立的合情理性的观念；相同的推理在两种情形中都适用。将一 [19] 种自由主义的正义观扩展到万民社会（它包含的宗教和其他整全性学说比任何人民在其内部社会中所包含的都要多）的效果，使得我们可以说：如果万民社会的各成员在处理他们之间的相互关系时遵循公共理性，那么宽容就必然随之而至。

在我们接下来的讨论中，还会对这些条件的细节进一步说明。这样的一个万民社会有多大可能会存在，这是一个重要的问题；但政治自由主义断定，这种可能性是与自然秩序相一致的，也与宪法和法律可能是的状况相一致。当一个辩护的共享基础存在且我们可以通过恰当的反思将其揭示出来时，为万民社会制定的公共理性的理念[10]，就类似于自由人民内部社会的公共理性。政治自由主义，连同其现实主义乌托邦的理念以及公共理性的理念一起，否定了政治生活经常会告诉我们的东西——人民之间关系的稳定性最多也只是一种权宜之计。

由诸组织有序的人民组成的一个合理程度上正义的社会的理念，只有在这样的人民存在并且学会以更广泛的政治、经济和社会合作形式协调其政府的行为时，它才会在一种人民间的政治理论中占据重要的地位。当这样的情况出现时（追随康德，我相信它将会出现），那么这些人民所组成的那个社会就会形成一个满足的人民群体（a group of satisfied peoples）。正如我所坚持的（§2），考虑到他们的根本利益已经得到了满足，那么他们之间就不存在开战的理由了。那些为人们所熟悉的诱发战争的动机在他们身上是缺乏的：这样的人民不寻求改变其他人民的宗教信仰，不寻求征服更多的领土，也不对其他人民行使政治权力。单单通过协商和贸易，他们的需要和经济利益就能得到满足。对这些是如何逐渐形成的，以及为什么会这样的一个详细说明，将会是人民间政治理论的一个核心部分。

1.4 现实主义乌托邦是一种幻想吗？ 很多人看起来会认为此理念是一种幻想，尤其是在出现奥斯威辛集中营这样的事情之后。但为什么会这样呢？我既不会否认纳粹大屠杀是历史上绝无仅有的，也不否认它还可能会在某些地方重演。然而，除了 1941 年 [20] 到 1945 年德国占领下的欧洲，在其他地方还没有出现过一个魅力型独裁者操纵强大的国家机器，专门对当时还被视为社会成员的某一特定人民进行彻底极端地灭绝的事情。对犹太人的灭绝，在人力物力方面代价高昂（需要修建铁路、建立集中营等等），这对不顾一切的德国战争的努力不利，尤其在战争末期那几年。所有年龄段的人，不分老人、儿童和婴儿，都遭到相同的对待。因此，纳粹追求的是使德国占领的欧洲再无犹太人，这甚至成为一种自为的目的 [11]。

我们不要忽视如下事实，即希特勒恶魔般的世界观在某种反常的意义上也是宗教性的。这从这种世界观的来源、其主要理念及宣扬的仇恨中可以看得很清楚。希特勒的"救赎式反犹主义"（redemptive anti-semitism）[索尔·弗里德兰德（Saul Friedländer）这样称呼它]，并不只包含了有关种族的要素。弗里德兰德写道，"救赎式反犹主义源自对种族劣化的恐惧以及对救赎的宗教信仰" [12]。在希特勒的思想里，这种劣化正是源于与犹太人的通婚，这会使得德国人的血统受到玷污。他认为，若放任这样的事情发生，那德国就会走上不归路。因此，唯有把日耳曼人从犹太人中解放出来，将犹太人赶出欧洲；如果做不到这一点，唯有将他们灭绝，救赎才会来临。在《我的奋斗》（*Mein Kampf*）第二章结

[21]   尾处,希特勒写道:"今天,我相信我正按照万能的上帝的意志行动:我保卫自己而反对犹太人,乃是为了主的事业而奋斗。"[13]

    大屠杀的事实,以及我们现在知道人类社会承认这种恶魔般的可能性,这两点都不会影响通过现实主义乌托邦的理念以及康德的和平联盟的理念表达出来的我们对未来的希望。这些令人震惊的罪恶在历史上就曾长期存在。4 世纪君士坦丁大帝时代以来,基督教便惩罚异端,并企图通过宗教迫害与宗教战争,扼杀自己认为是错误的学说。要做到这一点,国家的强制权力便不可或缺。由教皇格列高利九世(Pope Gregory Ⅸ)设立的宗教裁判所,在 16 至 17 世纪的宗教战争中非常活跃。在 1572 年 9 月,教皇庇护五世(Pope Pius Ⅴ)前往罗马的圣路易法国教堂,与三十三位红衣主教一起举行感恩弥撒,目的是纪念当年夏天的圣巴托罗缪节(St. Bartholomew's Day)天主教派出于宗教动机屠杀了一万五千名法国胡格诺新教徒[14]。异端邪说被普遍认为比谋杀更糟糕。热衷于对异端的迫害,这一直是基督教的大祸根。这种迫害的狂热,也为路德、加尔文和新教改革家们所分享,在第二次梵蒂冈大公会议之前,它在天主教会中不曾遭到过严厉的抗议[15]。

[22]   这种罪恶比大屠杀是更大还是更小呢?我们并不需要去做这样的比较判断,将它们称为巨大的罪恶就足够了。但宗教迫害的罪恶与大屠杀并非全无关联。实际上,我们可以很清楚地看到,如果没有基督教几个世纪的反犹主义——这在俄国及东欧尤其残酷——大屠杀就可能不会发生[16]。希特勒的"救赎式反犹主义"如同疯狂的恶魔使我们感到震惊——那么人们怎么会相信这一幻

想呢？——改变不了"大屠杀与宗教迫害有关联"这一事实。

但我们绝不能让这些过往或现在的巨大罪恶损害我们对未来的希望，即我们的社会属于世界人民组成的自由和正派的万民社会。否则，其他人错误的、邪恶的和恶魔般的行为将再一次伤害我们，并巩固他们自己的胜利。我们必须通过发展出一个应用到各人民间关系上的合乎情理且行之有效的政治正当和正义观念，来支撑和强化我们的希望。为了完成这一点，我们可能要追随康德的思路，并且从一个合理程度上正义的立宪民主社会的正义的 [23] 政治观念（这种观念我们已经制定了）出发。然后，我们将此观念向外扩展到由自由人民和正派人民所组成的万民社会（§4）。以这种方式推进论证，其实已经假定了政治自由主义的合情理性；并且从政治自由主义中可发展出一种合乎情理的万民法，又确认了它的合情理性。此万民法得到了各立宪民主社会以及其他正派社会的根本利益的支持。这就不再只是一种渴望，我们的希望变成合乎情理的希望。

§2 为什么是人民而不是国家

2.1 人民的基本特征。这里对万民法的说明，将自由民主的人民（以及正派人民）视作万民社会中的行动者，正如公民是民主社会中的行动者一样。从一种关于社会的政治观念出发，政治自由主义是通过如下方式来描述公民和人民的——通过那些界定他们的性质的政治观念来描述他们：一种是关于公民的政治观念；另一种是关于人民（人民通过他们的政府来行动）的政治观念。自由人民具有三个基本特征：由一个合理程度上正义的立宪民主政府来为他们的根本利益服务；公民通过密尔所谓的"共同的同情感"（common sympathies）[17]而联结起来；以及最后一个特征，人民具有一种道德品质。第一个特征是制度的，第二个特征是文化的，第三个特征要求对一种关于正当和正义的政治的（道德的）观念有一种坚定的承诺[18]。

说一人民拥有一个合理程度上正义（尽管不一定是完全正义）

[24]

的立宪民主政府，我的意思是，该政府有效地处于人民的政治及选举控制之下，它回应并保护人民的根本利益，这种利益是在成文或不成文的宪法及对宪法的解释中界定的。该政权不是一个追求自身官僚野心的自主机构，此外，它也不是由私人经济和企业权力大规模集中的利益所主导的，这些权力隐藏在公共审查之外，几乎完全不受问责的约束。必须要有什么样的制度和实践，才有可能使得一个立宪民主政府保持相当的正义，并且防止它被腐化，这是一个很大的论题，我无法在此讨论；但我想指出众所周知的一点：很有必要以某种方式去构建一种制度，以便它能充分地激励人民，包括人民和政府官员去尊崇这些制度，并且消除那些引起腐化的显而易见的诱因 [19]。

至于通过共同的同情感和渴望处于同一个民主政府之下而团结起来的自由人民，如果这些同情感完全取决于一种共同的语言、历史、政治文化以及一种共同的历史意识的话，那么这种特征（如果能满足的话）很难得到完全满足。历史上的征服和移民潮，造就了具有异质文化和不同历史记忆的群体的混合，他们现在共处于大多数当代的民主政府的领土之内。无论如何，万民法从对一种共同的同情感的需要开始，而无论这种情感的来源是什么。我的希望是，如果我们以这种简化的方式开始的话，那么我们就能制定出一些政治原则，在恰当的时候，这些原则将能使我们可以应对一些更加困难的情况——并非所有人民都拥有同一种语言或共享的历史记忆。我鼓励以这种方式推进讨论，原因是我相信一个相当正义的自由（或正派）政体有可能满足具有不同种

[25]

族和民族背景的群体的合乎情理的文化利益和需求。我们从如下
这个假设出发：适合一个合理程度上正义的立宪政体的政治原则，
使我们可以处理大多数具有巨大多样性的情况，如果不能说可以
处理所有情况的话[20]。

最后，自由人民具有一种特定的道德品质。如同民主社会的
人民一样，自由人民既是合乎情理的又是理性的，并且他们的理性
行为（如在他们的选举和投票、在他们政府的法律和政策中组织起
来以及展现出来的那样）同样受到他们关于什么是合乎情理的感觉
的约束。正如合乎情理的人民在他们的社会内部会愿意根据公平合
作条款与其他人民一起合作一样，所以（合乎情理的）自由（或正
派）人民也会向其他人民提议按照公平条款进行合作。一人民，如
果他能确定其他人民也会和他一样遵循这些合作条款，那么他就会
这样去做。这使我们在人民内部社会中获得了政治正义的原则，而
在万民社会中获得了万民法。描述这种道德品质是如何产生的，以
及说明它如何能历经世代变化而始终维持着，都非常重要。

2.2 人民缺乏传统的主权。我使用"人民"术语的另一个
理由是：它可以将我的思想与传统上构想的政治国家区分开来，
1618—1648 年欧洲的三十年战争（Thirty Years' War）后，一些
主权权力就作为（成文的）国际法的一部分延续了三个世纪。这
些权力包括为推行国家政策进行战争的权力——克劳塞维茨所谓
的换另一种手段来追求政治，而政治的目的，是由国家理性的、

[26] 深谋远虑的利益来确定的[21]。主权权力还授予国家一定的自主性

（接下来会讨论）去处置自己领土内的民众。而从我的观点看，这种自主性是错误的。

在发展万民法的步骤中，第一步是为自由人民内部社会制定正义原则。在这里，原初状态只考虑这样一个社会内部的人，因为我们并不考虑与其他社会的关系问题。该原初状态将此社会看作封闭的：人们生而入其内，至死方能解脱。它不需要武装力量，也就不会产生政府进行军事准备的权力问题；并且即使提出来，也会被否决。军队也不能用来对付自己的人民。自由人民内部社会的正义原则允许一种警察力量以维持内部秩序，以及要求司法和其他制度来维持一种有序的法治[22]。所有这些，都与一支为防御法外国家而装备的军队有所不同。尽管自由人民内部社会的正义原则与一种有限制的战争权是相容的，但它们本身并不能确立起这种权利。这种权利的基础在于有待制定的万民法。如我们将看到的那样，这种万民法对国家的对内统治权或（政治）自主性进行了限制，对国家宣称其拥有的、根据自己的意愿来对待其疆域内的人的权力进行了约束。

因此，在制定万民法时，虽然政府是人民的政治组织，但它并不是自己所有权力的授予者。政府的战争权力，无论它们是什么，只能限于那些在一个合乎情理的万民法中可被接受的权力。我们假定了一个政府（正是凭借该政府，人民才得以根据维持背景正义的制度中被组织起来）的存在，但此假定并不会预先在上述问题上做定夺。我们必须根据一个合乎情理的万民法来重新确定主权权力，并且拒斥传统的战争权和不受限制的内部自主权。 [27]

　　此外，这种对国家主权权力的重新确定，与当前人们对国际法的理解的极大转变是一致的。第二次世界大战以来，国际法变得比以前更加严格了。它倾向于将国家的战争权限制在各种自卫（以及为了集体利益安全而战）的情形，并且倾向于限制国家对内的统治权。人权的角色很明显地与后面的一种变化是紧密联系着的，并作为为政府对内的统治权提供适当界定或施加限制的努力的一部分。在这一点上，我将会把在阐释这些权力和限制时会遇到的诸多困难搁置不论，而把它们的一般意义和趋势看作足够清晰的。最本质的问题在于：我们对万民法的阐释应该符合这两个基本的转变，并且给它们提供恰当的理由[23]。

　　因此，"人民"此术语是为了强调人民与传统国家不同的这些特征，并且突出他们的道德品质以及他们的政权在合理程度上的正义性或正派性。如下这点很重要：人民对他们的所谓主权的权利和责任，均源自万民法本身，而这种万民法又是他们与其他人民在恰当境况下都会同意的。作为正义或正派的人民，他们行动的理由要与相应的原则符合。人民并不是单单由他们对利益的审慎的或理性的追逐［也就是所谓的国家理由（reasons of state）］驱动的。

　　2.3 国家的基本特征。接下来的评论表明，万民法中的人民的特征，与我所说的国家的特征不同。在许多关于战争原因和保持和平的国际政治理论中，国家都被看作行动者[24]。他们经常被看作理性的，对自己的权力——他们影响其他国家的（军事、经

[28]

济和外交）能力——高度关注，并且总是由他们的基本利益引
导 [25]。国际关系最具代表性的观点，与修昔底德时期的观点从
根本上说是一样的，直至现代也没有被超越，因为世界政治的基
本面貌仍然是国家在全球性的无政府状态下争夺权力、荣耀和财
富 [26]。国家与人民的区别有多大，取决于理性、对权力的关注和
国家的基本利益如何界定。如果此**理性**（rationality）排斥**合情理
性**（the reasonable）（也就是说，一个国家在处理与其他国家的
关系时，只受自己拥有的目的驱动且罔顾相互性标准），如果一
个国家对权力的关注占主导地位，且如果其利益包括如下这些东
西——将自己国家的宗教强加给别的国家，争夺王朝的、帝国的
或民族的声誉与荣耀，并且不断增强其相对的经济实力，那么，
国家与人民之间的差异就是巨大的 [27]。这样的利益倾向于使一个 　　[29]
国家与其他国家和人民产生纷争，并且威胁其安全，无论那个国
家奉行扩张主义与否。这种背景状况也预示着争夺霸权的战争的
产生 [28]。

　　自由人民与国家的一个不同是：正义的自由人民根据合乎情
理的要求来约束他们的基本利益。与此形成对比的是，国家的利
益的内容使它们无法达成一种基于正当理由的稳定性，即稳固地
接受和践行一种正义的万民法。但是，自由人民当然具有他们自
己的根本利益，这种利益是得到他们的正当和正义观念允许的。
他们寻求保护他们的领土，确保他们的公民的安全，并且去维护
他们自由的政治制度、各种自由权项及市民社会的自由文化 [29]。
除了这些利益，一个自由人民尝试为其所有公民以及所有其他人

民都享有一种合乎情理的正义而努力；一个自由人民，可以和其他具有同样特性、支持正义和维护和平的人民共处。我们怀有的达成一种现实主义乌托邦的任何希望，取决于合乎情理的自由立

[30] 宪（以及正派）政体能充分确立并有效地产生一个有活力的万民社会。

§3 两个原初状态

3.1 作为代表模型（Model of Representation）**的原初状态。**这一部分描述了理想理论的第一步。在将自由主义的社会契约理念扩展到万民法之前，我们先要注意到：带有无知之幕的原初状态是为自由社会而制定的一种代表模型[30]。在我现在所说的对原初状态的第一次使用中，它模拟了我们——你和我在此时此地[31]——认为对各派而言是公平的和合乎情理的条件；在这里，原初各派是自由而平等、合乎情理而理性的公民的代表，他们将要去界定用于规制该社会的基本结构的公平合作条款。因为原初状态包含了无知之幕，所以它还模拟了为那个基本结构采纳一种正义的政治观念时必须服从的、我们认为是恰当的限制。给定这些特征，我们可以推测各派会选择的正义的政治观念，就是你和我在此时此地认为是合乎情理的和理性的、得到最佳理由支持的那种正义观。我们的推测能否得到证实，将取决于你和我在此时此地经过恰当的反思后是否可以同意那个原则。即使该推测具有一种直觉上的可行性，但对合情理性和理性也存在很多解释方式，并且对理由的限制的界定以及对基本益品的解释的方式也多种多样。因此，我们做的事情对不对，我们能接受什么样的原则，这都没有什么先验的保证。

[31]　　在这里，有五个特征是本质性的：（1）原初状态将各派塑造[32]为公平地代表公民的；（2）它将各派塑造为理性的；（3）它将各派塑造为要从应用到恰当对象（在此例子中是社会的基本结构）上去的备选正义原则中做选择；（4）各派被塑造为根据恰当的理由去做选择的；（5）做选择的理由，与作为合乎情理的和理性的公民的根本利益是相互联系着的。我们可以通过考察以下几点来判断上述五个条件是否得到了满足：首先，如果公民代表在原初状态中所处位置具有对称性（或公平性），公民就确实得到了公平的（合乎情理的）代表[33]。其次，各派的目的是尽可能地为他们所代表的公民做到最好，他们代表着公民的核心利益（这种利益是由基本益品来界定的），由此就可以说各派被塑造为理性的。最后，各派根据恰当理由来选择体现在：因为给定原初状态的目的是将公民作为自由平等人来代表，那么无知之幕就防止了各派诉诸那些被自由平等人看作不恰当的理由。

我在这里重复一下我在《政治自由主义》中所说过的东西，因为这和下面的论证是相关的[34]。不让各派知道人们的整全性学说，是使得无知之幕是厚实的而不是轻薄的一种方式。许多人认为，给定宗教性或非宗教性的整全性学说的重大意义，一种厚实的无知之幕是没有辩护的，其根据也是充满争议的。因为我们应当在可能时为原初状态的各种特征做辩护，所以考虑一下下面的情况：请回想一下我们是为一个民主社会寻求一种正义的政治观念；这种社会被视为自由平等公民间的一个公平合作体系，公民们自愿接受那些获得公开认可的正义原则以确定合作的公平条款，这是他们政治上自主的体现。但是，我们所讨论的社会中，存在着整全性学说的多样性，而这些学说又都是完全合乎情理的。这是合乎情理的多元论事实，它与一般而论的多元论的事实（the fact of pluralism as such）相对立。现在，如果公民们自由地认同那个正义的政治观念，那么该正义观必定能获得那些认同不同的、[32]冲突的，但依然是合乎情理的整全性学说的公民的支持。在这种情况下，我们得到的就是合乎情理的学说所形成的一个重叠共识。我主张对人们的整全性学说通过什么方式与该政治性正义观联系起来的问题存而不论；我们只是将该正义观的内容看作从各种潜藏于一个民主社会的公共政治文化中的那些根本理念中发展出来的。将人们的整全性学说置于无知之幕之后，我们可以发现一种能够成为重叠共识焦点的正义的政治观念，因此它就能在一个存在着合乎情理的多元论的事实的社会中成为辩护的公共基础。我刚才所论证的东西，都没有对一种正义的政治观念可被描述为一种自立观点提出疑问，但它的确意味着：为了解释采纳一种厚实的无知之幕的理由何在，我们必须要注意到合乎情理的多元论事实，以及合乎情理的整全性学说形成的重叠共识的理念。

3.2 作为代表模型的第二个原初状态。在接下来的第二层次上，原初状态被再次使用，但这次是将一种自由主义观念扩展至万民法。和在第一种情形中一样，它也是一种代表模型：因为它模拟了我们——你和我在此时此地 [35]——认为是公平的条件，在这些条件下，作为自由人民的理性代表的原初各派，将在恰当理由的指引下去制定万民法。作为代表的原初各派以及它们所代表的诸人民，都在原初状态内得到对称性的安置，因此是公平的。另外，原初状态将诸人民塑造为理性的，因为各派在民主社会的根本利益（这些根本利益是由一个民主社会的自由主义的正义原则表达出来的）的引导下去从备选的原则中做选择。各派处于无知之幕的屏蔽下：它们不知道领土的大小、人口的多寡，它们所 [33] 代表的人民的基本利益的相对强弱。尽管它们知道存在合理有利的条件使得民主成为可能——因为它们知道它们所代表的是诸自由社会，但却不知道它们的自然资源的丰裕程度、经济发展的水平或其他此类相关信息。

作为根据自由主义的正义观念有序地组织起来的社会的成员，当我们去确定自认为自由而平等的各人民（他们作为自由人民，将自己看作自由的和平等的）之间的合作的基本条款时，我们推测上述那些特征模拟了我们——你和我在此时此地——可看作公平的东西。我们在第二层次上把原初状态作为一种代表模型来运用，这与它在第一层次上的运用相同。如果说有任何不同的话，并不在于这种代表模式是如何被运用的，而在于考虑到要塑造的行动者以及要着手处理的主题不同，它应该如何做出调整。

交代过这些之后，让我们来检查一下包含在第二个原初状态中的五个特征。这样一来，人民的代表是：（1）作为自由平等的代表，被合乎情理地和公平地安置于原初状态之内；（2）各人民被塑造为理性的；（3）他们的代表在恰当的主题上进行慎议（deliberation），在此情形中，该主题就是万民法的内容（在这里，我们可以将万民法看作用于规制各人民之间关系的基本结构）；（4）各派的慎议是根据正当的理由（由无知之幕来对理由做限制）来进行的；（5）对万民法原则的选择是根据人民的根本利益来做出的，在此情形中，这种根本利益是由一种自由主义的正义观念（这种正义观已在第一个原初状态中被挑选出来）给定的。因此，在这种情形中，我们的上述推测和在第一种情形中一样，看起来都是合理的。但再重复一次，我们不能确保它是合理的。

　　但是，可能会出现两个问题。第一，在将人民描绘成自由和平等的，并被公平地和合乎情理地代表时，看起来我们所做的工作与自由人民内部社会的情形有所不同。在内部的情形中，我们将公民看作自由平等的，因为这是在一个民主社会里他们看待自己的方式。他们将自己看作具有道德能力去拥有一种善观念，以及去认同和修改该善观念的（如果他们决定要认同和修改的话）。他们还将自己看作各种主张的自我认证的根源（self-authenticating sources of claims），并且能够对他们的各种各样的目的负责[36]。在万民法中，我们做着相似的工作：我们认为，**诸人民**将自己构想为万民社会（它符合适用于该社会的政治观念）中自由和平等的**人民**。这与在社会内部的情形中那个政治观念决

[34]

定公民们——依据他们的道德能力以及高阶利益——看待他们自己的方式相类似，但不能等同。

第二，关涉自由人民内部社会的情形中出现的类似问题。在内部社会的情形中，原初状态不允许公民的代表知道有关他们的整全性善观念的任何知识。此种限制要求一种严谨仔细的辩护[37]。在当前的情形中，也有一个严重的问题。为什么我们设定诸自由人民的代表忽略有关人民的整全性善观念的任何知识呢？对此的回答是：一个具有立宪政体的自由社会，它作为**一个自由社会**并不具备一种**整全性**善观念。在自由人民内部社会的情形中，只有在市民社会中活动着的公民以及社团才具有这样的善观念。

3.3 人民的根本利益。人民（与国家相对）在将自己视作自由和平等的之时，他们是如何看待他们自身以及他们的根本利益的呢？我说过（§2.3）自由人民的根本利益，是由他们的合乎情理的正义的政治观念来界定的。因此，他们努力寻求保护他们的政治独立、自由的文化及各种公民自由权项，他们也尽力去保障他们的安全、领土完整及公民福祉。但一个进一步的利益也同样意义重大：应用到人民身上的、被卢梭称为自尊（*amour-propre*）[38]的东西，此利益是人民自己作为一人民而具有的恰当的自尊，它建立在对自己历史磨难的共同意识、对其文化及取得的成就的共同意识之上。这些都与其对自身安全以及领土安全的自我关注不[35]同，这种利益体现在人民坚持要求要从其他人民那里获得恰当的尊重，以及对平等地位的承认。使得人民有别于国家的——这一点非常关键——是只有人民才有充分的意愿准备对其他同样平等的人民给予恰当的尊重和认同。当然，他们的平等并不意味着在人民间构建的各种合作制度（如理想地构想的联合国）绝不允许任何类型的不平等。毋宁说，对这种不平等的认可，类似于自由社会的公民会接受他们社会中出现的功能性的社会和经济不平等。

因此，说某一人民是合乎情理而又理性的，这部分意味着该人民准备好去向其他人民提出政治和社会合作的公平条款。这些公平条款是该人民真诚地相信其他平等的人民也同样可以接受的；并且若其他人民接受了，那么该人民就会尊崇这个由他提议的合作条款，即使在某些情况下违反该条款会使他得利，他也依然遵循这些条款 [39]。因此，相互性标准不仅应用到一个立宪政体的正义原则上，而且还以相同的方式应用到万民法上。一人民会欣然地将这种合乎情理的恰当的尊重给予其他合乎情理的人民，而且这种尊重感是基于正当的理由而对现状感到满足的人民的理念的一个本质部分。它与人民间持久的合作以及彼此对万民法的接受和坚持都是相容的。对政治现实主义（political realism）的部分回答是：这种合乎情理的恰当的尊重感并不是不现实的，它本身是民主社会内部制度的结果。稍后我将回到此论证上来。

§4 万民法的诸原则

4.1 对诸原则的陈述。 一开始，我们可以假定单单为诸自由民主社会制定万民法的结果，就是某些为人们所熟悉的、关于人民间平等的原则会得到采纳。我还假定，这些原则还会为人民间的各种形式的社团和联盟留下空间，但并不认可一个世界国家（world-state）。在此，我遵循了康德在《永久和平论》（1795）中所提出的思想，他认为，一个世界政府——我指的是一个统一的政体，其法律权利通常由一个中央政府来运作——要么会成为一个全球性专制制度，要么就是一个脆弱的帝国；当不同的宗教和人民为获取政治自主权而斗争时，这个帝国就会被不断的内战冲击得支离破碎 [40]。如我下面将会讨论到的那样，可能存在许多不同类型的组织，它们都服从于万民法的裁决，负责规制不同民主人民之间的合作关系，并具有某些公认的职责。这些组织中的某些（如理想地构想的联合国）可能拥有一种权威去表达万民社会

[36]

对某些侵犯人权的国家的不正义的内部制度以及它们对人权的明
目张胆的侵犯的谴责；并且在某些特别严重地侵犯人权的情形下，
通过经济制裁甚至军事干预来纠正它们的错误。这些权力的范围
涵盖所有人民及他们的内部事务。

　　大量的结论都需要进一步讨论。我们可以依照类似于《正义
论》[41] 中那样的程序来继续我们的讨论，让我们先考察下自由民 [37]
主的人民间那些为人们所熟悉的传统原则[42]：

　　（1）各人民是自由且独立的，并且他们的自由独立将得
到其他人民的尊重。

　　（2）各人民要遵守协议和承诺。

　　（3）各人民是平等的，他们必须是那些约束他们的协议
的订约方。

　　（4）各人民要履行互不干涉的义务。

　　（5）各人民有自卫权，但无基于自卫之外的理由发动战
争的权利。

　　（6）各人民都要尊重人权。

　　（7）各人民在战争中要遵守对战争行为设立的特定限制。

　　（8）各人民对那些生活在不利状况下，因此无法拥有
一个正义或正派的政治和社会体制的其他人民负有一种援助
责任[43]。

　　4.2 对诸原则的评论及限制。 此处对这些原则的列举当然是
不完整的，还需要别的原则来做补充，而且这些原则也还需要许

多解释和说明。这些原则中的某些在一个组织有序的、民主的人民社会里是不必要的，如有关战争行为的第 7 条和有关人权的第 6 条。关键在于，自由独立、组织有序的人民已经准备好去认可基本的正义的政治原则来规制他们的行为。这些原则构成万民法的基本宪章。显然，像第 4 条——关于互不干涉——那样的原则，一般来讲在法外国家以及对人权的严重侵犯的情形下要做调整和限制。尽管此原则适用于诸组织有序的人民所组成的那个社会，[38] 但它不适用于那些战争和严重侵犯人权事件遍地蔓延的失序人民（disordered peoples）。

同样，独立权以及自决权也仅在有限制的条件下成立，这种限制由适用于普遍情形的万民法来界定 [44]。因此，任何人民拥有的自决权或分裂权，都不能以征服其他人民为代价 [45]；同样，任何人民只要他们的内部制度侵犯了生活在他们之中的某些少数群体的人权，那么他就不能抗议国际社会对他的谴责。一人民的独立和自决权并不是免受这种谴责的护身符，在严重侵犯人权的情形下甚至也不能使其免于其他人民的强制性干预。

还有，我们也需要有原则来指导人民之间的联盟（社团）的形成和运作，以及为人民之间的贸易与其他合作安排订立的公平标准 [46]。人民之间也应有互相援助的条款，以便共同应对饥荒和干旱；而且如果可行的话，也应该包括一些条款去确保所有合乎情理的自由（和正派）社会中的人们的基本需求得到满足 [47]。这些条款将会界定在特定情形下的援助责任（参见 §15），根据情形的严重程度，这些条款的严格性也会改变。

4.3 边界的作用。无论从历史的观点看一个社会的边界划定是多么任意，但一人民的政府的重要角色之一是作为人民的代表和有效的行动者，对自己的领土、环境完整性以及人口规模负起责任。这里的理念与资产制度的精神是一致的：除非将资产保值以及承担因失职造成损失的责任指派给一个确定的行动者，否则资产就会贬值。在此情形中，资产指人民的领土及其**永久供养人民的能力**；行动者则指政治上组织起来的人民自身。如我在导论中已经指出的那样，人民必须认识到：他们不能通过战争征服，或在不经其他人民同意的情况下迁徙到其他人民的领土上去这样的方式，来弥补他们对自己的土地和自然资源不负责任造成的过错[48]。

　　从边界的划定在历史上是任意的这一事实并不能推出，边界在万民法中的作用是得不到辩护的。相反，只关注它们的任意性，其实是聚焦于错误的东西。在缺乏一个世界国家的情况下，**必定**会存在某种类型的边界；如果孤立地看，这些边界看起来的确是任意的，并且取决于各种历史境况。在一个合理程度上正义的（或至少是正派的）万民社会中，权力和财富不平等的状况如何，将由所有人民自己来做决定。在我的解释说明中，所有这些将如何确定——这是一个现实主义乌托邦的本质要素之一——要留待 §15 以及 §16 再讨论；在那里，我将讨论合理程度上正义的自由人民和正派人民对那些因不利状况而负担沉重的社会负有什么责任的问题。

4.4 在第二个原初状态中的论证。在某一自由人民内部社会的

[39]

情形中，原初状态的论证的很大一部分工作，是要在正义两原则的各种表述间做选择（当被采纳的是自由主义的观点时），以及在

自由原则，和作为替代的古典、平均效用主义（utilitarianism）原则、各种形式的理性直觉主义以及道德完善论之间做选择[49]。作为对比，在原初状态的第二次运用中，可供原初各派选择的原则只是万民法的各种表述。原初状态在第一次运用和第二次运用上主要有三点不同：

（1）一个立宪民主社会中的人民，他们作为**自由人民**，不拥有关于善的**整全性**学说（上述 §3.2）；而一个自由社会内部的公民的确具有这样的观念，并且为了处理他们作为公民的需要，我们使用了基本益品的理念。

（2）人民作为人民的根本利益，是由其正义的政治观念以及他们据以同意万民法的那些原则来界定的；而公民的根本利益，是由他们的善观念以及他们要在一个足够程度上实现他们的两种道德能力来界定的。

（3）各派在第二个原初状态中从万民法八原则的各种表述和阐释中做选择；人们可以对八原则做各种阐释，正如上文在讨论（§2.2）限制主权的两种权力的各种理由时所表明的那样。

原初状态用途的多样性在两种情形的使用上得到了体现。这两种情形的差异在很大程度上取决于在每一种情形中如何理解原初各派。

在第二个原初状态中，原初各派的首要任务是去制定万民法——它的理想、原则和标准——以及这些规范是怎样应用到人

民之间的政治关系上去的。如果整全性学说间的一种合乎情理的多元性是拥有自由制度的立宪民主社会的基本特征的话，那么我们就可以假定：在万民社会中，各成员具有极其不同的文化和传统，他们所认同的整全性学说的差异就更大。因此，一种古典的或平均效用主义原则将得不到各人民的接受，因为任何由其政府组织起来的人民，都不会准备将其他人民的得益看得比因此而强加在自己身上的痛苦更重要，这是一个**首要原则**。组织有序的人民坚持认为：他们作为人民在与其他人民相处时要有一种**平等**的地位，而这种坚持排除了任何形式的效用原则。

　　我认为万民法八原则（§4.1）比任何其他备选原则都要优 [41] 越。正如考察"作为公平的正义"中的分配原则一样，我们从平等的基线——在"作为公平的正义"的情形中，是社会性和经济性的基本益品的平等，是所有人民的平等以及权利的平等——出发开始讨论。在一种情形中，我们问：是否有一些对平等基线的偏离是可以接受的，假定这种偏离符合该社会所有公民的利益（尤其是处于最不利地位者的利益）的话？（在这里，我只是提示一下该推理。）但是在万民法的情形中，人们不是处在一个而是多个政府的管治下，并且各人民的代表将要去保障他们的社会的平等和独立。在人民间的各种组织和松散[50]联盟的运作实践中，不平等被设计出来服务于那些为所有人民所共享的目的。在此情形下，规模较大的和较小的人民都准备好去做或大或小的贡献，并且接受成比例的或大或小的回报。

　　因此，在第二层次上的原初状态的论证中，我考虑的只是

§4.1 中所开列的万民法八原则的优点。这些为人们所熟悉的以及在很大程度上称得上是传统的原则，是我从历史、国际法及其实践的用法中概括提取出来的。和《正义论》《政治自由主义》中的情形不一样，在第二个原初状态中，我们并没有把一份备选原则和理想的目录给予原初代表，并让他们做选择。作为替代，组织有序的人民的代表只是思考上述那些人民间平等的原则的优点，并且他们找不到任何理由去背离这些原则或提出替代方案。当然，这些原则必须满足相互性标准，因为此标准在两个层次上——公民作为公民，以及人民作为人民——都成立。

当然，我们能设想出替代方案。例如，原则（5）很明显就有替代原则，即一个国家可以在对自己的利益的理性追求中与别的国家开战，此原则得到现代历史上许多欧洲国家实践的支持。这些利益可能是宗教的、王朝的，或为领土、荣耀而进行的征服和帝国统治。但是，根据我们对民主和平的说明（§5），这种替代方案会被自由人民拒绝。稍后我们就将会证明，这种替代方案也将被正派人民拒绝（§8.4）。

[42]

上述 §2 对主权的两种传统权力的讨论表明，八原则对不同的阐释是开放的。在第二层次上的原初状态中讨论的，正是这些多种多样的**阐释**。对于主权的两种传统权力，我们问：给定自由人民的根本利益，那么他们希望确立什么样的政治规范去规制他们彼此的关系以及他们与非自由人民之间的关系呢？或者问：在一个由组织有序的人民组成的合理程度上正义的社会中，他们希望看到什么样的道德风尚和政治氛围呢？自由人民考虑到他们的根本利益，将国家的交战权限于为了自卫而战（也允许为集体安全利益而战），他们对人权的关注引导他们限制国家对内的主权权力。在万民法中，我已经列出来的对万民法八原则做阐释的许多困难，正对应着在自由社会内部的情形中对正义第一原则的论证。怎样去阐释这些原则的问题总是会出现，并且我们将会从在第二层次上的原初状态的观点出发来讨论这些问题。

4.5 各种合作性的组织。除确定那些界定所有人民的基本平等的原则外，原初各派还将会制定指导设立各种合作性组织的方针，并且商定贸易的公平标准以及某些互助条款。假定有三个这样的组织：第一个组织架构起来以确保人民之间的公平贸易；第二个组织的设立，使得人们可以从一个合作性的银行系统中借贷；第三个组织的角色类似于联合国所发挥的作用，我将之称为万民联盟（而不是万国联盟）[51]。

考虑一下公平贸易：设想自由人民认为，当存在一个公平的背景框架恰当地规制着市场时 [52]，一个自由的市场贸易体系将符 [43] 合所有人民的利益，至少从长远看是这样。这里的一个进一步的假定是：拥有较发达经济、规模较大的人民，将不会去尝试垄断整个市场，或去密谋形成一个卡特尔，或如一个寡头那样行动。有了这样的假设，并且如之前那样假定无知之幕存在，所以没有任何人民会知道他们的经济规模是大还是小；那么，他们都会同意用公平的贸易标准来保持市场的自由和竞争性（当这样的标准可以被确定、遵循和施行时）。如果这些合作性组织在各人民间产生了得不到辩护的影响，那么就应该得到矫正，并且要通过援助责任（将在 §15–§16 界定）将这种矫正纳入考虑。

两种进一步的情形，即商定建立中央银行以及万民联盟，可以用相同的方式处理。无知之幕一直存在着，并且这些组织都是彼此互惠的，自由人民可以根据自己的需要而自由主动地利用它们。正如在自由社会内部的情形中那样，各人民认为，一旦平等的基线牢固地确立起来，接受各种功能性的不平等就是合乎情理的。因此，根据各人民的规模大小不同，他们中的若干人民对该合作性的银行的贡献将会比其他人民多（由于他们缴纳较多会费以提供借贷，因此也从中享受恰当的利益），并且将会在万民联盟这个组织里交纳更多的会费 [53]。

§5民主的和平及其稳定性

5.1 两种类型的稳定。为了完成对为组织有序的自由社会而制 [44]
定的万民法的概述，我必须要做两件事。一是要区分两种类型的
稳定：基于正当理由的稳定和作为力量间均衡的稳定。二是回应
政治现实主义作为一种国际政治理论，以及那些认为一种现实主
义乌托邦的理念是一种不切实际的空想的异议。为了完成这两项
任务，我将概括一种民主的和平的观点，这种观点带出了一种不
同的战争观。

首先考虑一下两种类型的稳定性。请回想一下（从 §1.2 开
始）在自由人民内部社会的情形中，我提到一个过程：随着公民
逐渐长大并进入一个正义的社会世界中，他们就会发展出一种正
义感。作为一个现实主义乌托邦的理念，万民法必须具有一个类
似的过程，它可以引导包括自由和正派社会在内的各人民自愿地
去接受体现在正义的万民法中的法律规范，并且遵循这些规范而

行事。这个过程和在自由社会内部的情形中是一样的。因此，当
万民法经过一段时间后得到各人民的尊崇，人民已发展出按照此
万民法而行动的明显意图，且这些意图获得了各人民彼此的认可
的话，那么这些人民彼此就倾向发展出相互信任。还有，各人民
将这些规范看作对他们以及对那些他们关心的人都是有利的；因
此，经年累月后，他们就倾向于将法律看作一种行动的理想[54]。
没有这样的一个心理过程（我将之称为道德学习的过程），万民法
作为现实主义乌托邦的理念就缺失了一个本质性的要素。

　　如我已经说过的那样，人民（而不是国家）有一种确定的道
德品质（§2.1）。这种品质包括了一种恰当的自豪感和荣誉感；
他们可能为他们的历史和所取得的成就而自豪，这是一种**恰当的
爱国主义**所允许的。但是，他们所要求的那种尊重，是与所有人
民的平等相一致的应有尊重。人民必定会有自己的利益——否则
他们要么是惰性和消极的，要么可能被一些不合乎情理的东西、
有时是盲目的激情和冲动左右。这些驱动人民的利益（并且使人
民与国家区别开来）是合乎情理的，它们是由所有人民间的一种
公平平等即一种恰当的相互尊重来引导的，并且与这种平等和尊
重相契合。如我稍后会指出的那样，正是这些合乎情理的利益使
得民主的和平成为可能，而缺乏这些利益使得国家之间的和平充
其量只是一种权宜之计，一种建立在暂时的力量均衡之上的稳定。

　　请回想一下，在自由人民的内部社会中，在为一种政治正当
和正义观念挑选原则时，各派必须要问：在一个自由社会里，这
些原则是否可能获得一种基于正当理由的稳定性。基于正当理由

[45]

的稳定性描述了一种状况：随着时间的推移，公民获得了一种正义感，这种正义感使他们不仅倾向于接受该正义原则，而且会依照这些原则而行动。各派在原初状态中对原则的选择，总是要细心考虑一下：组织有序的自由社会中的公民的心理学习过程，是否会引导他们获得一种正义感和出于这些原则而行动的一种倾向。

同样地，一旦第二个原初状态的论证完成了，并且包含了对道德学习的说明，我们就可以推测：第一，原初各派会选择的万民法，是我们——你和我在此时此地——会认为是公平的万民法，它将确定人民间合作的基本条款。第二，诸自由人民所组成的那个正义社会将会获得一种基于正当理由的稳定性，意味着它的稳定性不是一种权宜之计，而是部分地建立在对万民法本身的忠诚之上的。

但很显然，这里的第二个推测需要由历史上真实发生的事情来确证。即便各人民取得的成就大小有变化，但诸自由人民组成的那个社会必须事实上表现出一种相对于这种变化的稳定性。在这里，成就并不是指一个社会的军事实力或缺乏这种实力，而是指其他种类的成就——为其所有公民实现一种政治和社会正义、保障各种基本自由、社会公民文化的丰富性和表现力，以及所有人民体面的经济福祉。因为诸自由人民组成的社会拥有一种基于正当理由的稳定性，其稳定是建立在正义之上的；即使从政治、经济和社会趋势看来，人民间的关系和取得成就的大小总是处于持续的变动中，但他们之间的制度和实践总是能满足相关的正当和正义原则。

[46] **5.2 答现实主义理论。** 现实主义理论（realist theory）认为国际关系自修昔底德时代以来就没有发生过变化，并且各国为财富和权力[55]进行的争斗仍在继续。我将通过回顾由诸自由人民所组成的社会中为人们所熟悉的和平观，来回应这种现实主义理论。这种和平观带出了一种与现实主义霸权理论不同的观点。

一种自由主义的民主和平的理念至少结合了两个理念。一个理念是在如瘟疫、传染病这样不可改变的悲苦生活和如命运、上帝意志这样遥不可及、无法更改的动因之间，还存在着可以由人民来对其进行革新改进的政治和社会制度。此理念导致了 18 世纪争取民主的运动。正如圣茹斯特（Saint-Just）所言："在欧洲，幸福的理念是全新的。"[56] 他的意思是：社会秩序再也不被认为是永恒不变的，政治和社会制度可以为了使人民过得更加幸福和满足而进行革新改进。

另一个理念是孟德斯鸠的"温和的风尚"（*moeurs douces*）的理念[57]。该理念认为，一个商业社会倾向于培养公民的勤劳、刻苦、守时和正直等德性，而商业倾向于带来和平。将这两个理念联合起来——为了使人民过得更加幸福和满足而（通过民主）对政治和社会制度进行革新改进，以及商业倾向于带来和平——我们也许就可以推测说：有商业交往的民主人民没有理由彼此交战。除其他理由外，这主要是因为他们所缺乏的商品可以通过交易更加便捷和廉价地获得；而且还因为，作为自由主义的立宪民主社会，他们没有什么动力去迫使其他人民改信某一种国教或其他占统治地位的整全性学说。

请回忆一下自由社会的各种特征（§2.1）。我们已经说过，[47]
这些人民（用雷蒙·阿隆的术语来说）是**获得了满足的人民**[58]。
他们的基本需要得到了满足，并且他们的根本利益与其他民主人
民的利益是充分一致的。（顺便提及，说一人民已经获得了满足，
并不意味着该社会的公民必定是愉悦和快乐的。）他们之间实现的
这种和平是真正的和平，因为所有的社会都基于正当理由而对现
状表示满意。

阿隆将这样的一种和平状态称为"因满足而和平"（peace by
satisfaction）（这有别于"慑于权力的和平""因服软而换来的和
平"），并且他概要地描绘了实现这种和平的必要条件。他论证说
各政治单位既不能寻求扩张它们的领土，也不能去统治其他人民。
它们不能寻求扩张自身（无论是增加物质或人力资源），推广自己
的制度，或陶醉于统治他人。

我同意阿隆的说法，这些条件对一种持久和平而言是必要
的，并且我认为生活在自由主义的立宪民主之下的人民能够满足
这些条件。这些人民尊崇一种合法政府共享的原则，并且丝毫不
为对权力、荣耀的激情所打动，也不会被统治的陶醉感影响。这
样的激情可能会驱使一个贵族阶层和少数寡头去争夺它们的社会
地位以及阳光下的土地。但这些阶级和阶层在一个立宪政体里没
有任何权力。这样的政体不寻求迫使其他社会改变它们的宗教信
仰，因为根据它们的宪法，自由人民自己也没有国教——他们并
非教派国家（confessional states）——即使他们的公民可能是（以
个体或社团的方式成为）非常虔诚的教徒。支配和对荣耀的渴求，

征服的刺激和以强力统治他人的快感都不会促使自由人民去与其他人民争斗。诸自由人民都以这种方式得到了满足，他们没有发动战争的理由和目标。

还有，自由人民并不会被卢梭所谓的自大和骄傲、受伤的自尊或缺乏应得的尊重激怒。他们的自尊的根基在于公民的自由和正直，以及他们内部的政治、社会制度的正义性和正派性。这种自尊还建立在公共的和市民的文化成就上。所有这些都根植于他们的市民社会，并且从本质上说并不需要比较他们与其他人民的优劣。各人民相互尊重，并且认为这种尊重与人民间的平等是一致的。

[48]

阿隆还提到：因满足而达成的和平，只有在这种满足变得普遍时（也就是所有社会都获得了满足时），和平才能持久；否则，他们的关系将倒退回为更强大的实力而争斗的情形，和平也终将被破坏。一个拥有强大的军事、经济实力的大国，如果着手扩张并追逐荣耀的话，那么就足以使其陷入战争和备战的恒久循环中。因此，一旦我们抛弃那个世界国家的理念（§4.1），单单有自由和正派人民接受万民法就还不够。万民社会需要在万民法下发展出新的制度和实践去限制法外国家（当它们出现时）。在这些新的实践中，应该有对人权的促进：这应该是所有正义和正派政体的外交政策的一个确定不移的关注点[59]。

民主和平的理念意味着：当自由人民真的走向战争时，战争的对象就只会是那些未获得满足的社会或（我所说的）法外国家。当一个国家的政策威胁自由人民的安全时，自由人民就会这样做，因为他们必须捍卫他们的自由文化的自由和独立，并且反对那些试图征服、支配他们的国家 [60]。

5.3 关于民主和平的更为精确的理念。民主和平的可能性**与现实的**民主社会——如它们所是的情况显示的那样，现实的民主社会中会存在着显见的不正义、寡头倾向、垄断的利益等等——对弱小国家的（通常是偷偷进行的）干涉，甚至对那些民主并不是那么稳固和有保障的小国家的干涉并不是不相容的。但为了尽可能地证明这一点，我们需要把一种民主和平的理念阐发得更为精确；我将通过阐述一些指导性的假设去展现其含义。 [49]

（1）每一个合理程度上正义的立宪民主社会，如果完全满足成为这样的一个政体的五种特征（将在下面简单概述）——并且其公民理解和接受它的政治制度、历史和成就——的话，那么这样的社会之间的和平就会更有保障。

（2）如果每个自由社会都完全满足上述（1）所描述的条件，那么它们与非民主的法外国家交战的可能性就很小，除了合法的自卫（或为了保卫他们合法的盟友），或在其他国家严重侵犯人权的情况下为保卫人权而战。

回顾一下，一个合理程度上正义的立宪民主社会，就是根据三个标志性的原则（§1.2）将自由和平等的两个基本价值结合起来并将它们有序化的社会。前两个原则界定了各种基本权利、自由权项以及机会，并且将这种政体所特有的一种优先性赋予这些自由权项。第三个原则是确保所有公民拥有足够的通用手段，以便使他们能够明智、有效地运用他们的自由。这三个特征必须符合相互性标准，并且它们要求社会的基本结构要防止过度的社会和经济不平等。如果不满足下面的（a）至（e）或相似的安排的话，这样过度的和不合乎情理的不平等就会出现。

这些获得保障的立宪自由权利，如果单独看的话，有可能被（恰当地）批评为纯形式的[61]。如果没有上述第三个标志性的原则，那么它们本身就是一种贫乏形式的自由主义——实际上，它们根本就不是自由主义，而是自由至上主义（libertarianism）[62]。后者并不采纳自由主义那样的结合自由与平等的方式；其缺乏相互性标准，并且允许（依据相互性标准来判断是）过度的社会和经济不平等。一个自由至上主义政体将不会具有一种基于正当理由的稳定性，这种稳定性在那些纯粹是形式的立宪政体中总是缺失的。达至稳定的一些重要要求包括：

[50]

（a）一定程度公平的机会平等，尤其是在教育和培训方面。（否则，社会各方就不能参与有关公共理性的讨论，也无法对社会和经济政策有所贡献。）

（b）对收入和财富的一种恰当的分配要符合自由主义的第三个条件：必须确保所有公民都能明智、有效地运用他们的基本自由所必需的通用手段。（如果此条件缺乏的话，则那些收入和财富较多的人就倾向于支配财富较少的人，并且将逐渐地控制政治权力使其偏向于对自己有利的方向。）

（c）通过全国或地方政府，或其他的社会和经济政策，社会要成为人们最后可依靠的雇主（employer of last resort）。（长远的安全感以及有意义的工作和职位的缺乏，不仅会伤害公民的自尊，而且也会损害他们作为社会一员的感觉，而不仅仅是陷入其中。）

（d）确保所有公民得到基本的健康照料。

（e）对选举进行公共资助，并且以各种方式确保有关政策问题的公共信息可为公众所知晓[63]。（之所以要做这些安排，是因为要确保代表们和其他官员充分地独立于特定的社会和经济利益，并且提供那些可以形成政策的知识和信息，让公民可以对它们进行明智的评估。）

所有自由主义的正义观的原则都满足这些要求。它们包含了一个社会基本结构的必要前提条件；在这种社会基本结构中，当公共理性的理念得到公民的认真遵循时，它就能为各种基本自由权项提供保障，以及防止出现过度的社会经济不平等。因为公共理性的理念包含了公共政治慎议（public political deliberation）的一种形式，如果这种慎议要是可能的和有成效的，那么这些条件（尤其是前三个）就必不可少。对公共慎议的重要性怀有一种信念，这对于一个合乎情理的立宪政体而言至为关键，并且还需要特定的安排来支持和鼓励它。

为了使得民主和平的假设更令人信服，我们还要做许多事，因为还有许多重要的问题有待处理。例如，（a）至（e）这些要

[51]

求中的每一个，其制度化要达到什么程度呢？如果其中的一些要求比较强，而另一些比较弱，会产生什么后果？它们是如何一起共同作用的呢？然后，还有比较的问题。例如，对选举的公共资助与机会的公平、平等，何者的重要性更大？对于这些问题，推测出一个确定的答案也是非常困难的事情，因为这要求许多背景知识和信息。但对于我们想要知道的东西，历史可以提供给我们的启迪甚多。这里的关键思想是：只要立宪民主的人民具备了（a）至（e）的特征，那么他们的行为就支持一种民主和平的理念。

5.4 历史上的民主和平。 历史记录似乎告诉我们，在由诸多合理程度上正义的立宪民主政体所组成的社会中，基于正当理由的稳定性是可以获得的。尽管诸自由民主社会经常与非民主国家交战[64]，但 1800 年以来，根基稳固的各民主社会相互之间却没有过交战记录[65]。

[52] 历史上著名的战争，都不是在根基稳固的自由民主人民间展开的。伯罗奔尼撒战争当然不是，因为雅典或斯巴达都不是一种自由民主政体[66]；罗马与迦太基之间的第二次布匿战争（the Second Punic war）也不是，尽管罗马具备共和制度的某些特征。至于 16 至 17 世纪的宗教战争，因为那时候宗教自由和良心自由尚未得到认可，交战的国家中没有任何一个可以算得上立宪民主国家。19 世纪那些大战——拿破仑战争、俾斯麦的战争[67]以及美国内战——也不是发生在自由民主人民间的战争。俾斯麦统治下的

德国从来就没有建立过立宪政体；并且美国南部一半以上人口是
奴隶，也不是一个民主政体，尽管它自认为是。如在两次世界大
战这样的牵涉世界各大国的战争中，民主国家作为同盟军站在了
同一边。

　　主要的、根基稳固的民主人民之间无战争，这种说法（就我
们所知道的情况而言）已经近乎成为社会间关系的一条简明的经
验规律 [68]。从此事实出发，我倾向于认为：历史记录表明了由诸 [53]
民主人民所组成的那个社会具有一种基于正当理由的稳定性；这
个社会中的每一个成员，其基本制度都是根据自由主义的正当和
正义观念（尽管不必是同一个观念）有序地组织起来的。但如迈
克尔·多伊尔（Michael Doyle）指出的那样，仅仅对一些有利于
得出此结论的历史事例的列举是不充分的，因为民主和平的理念
有时候会遭遇失败。在这些失败的事例中，上述指导性的假设引
导我在那些支撑着一个民主体制的制度和实践的本质要素中找到
各种导致失败的原因。

　　因此，鉴于现实的、宣称是立宪民主政体的巨大缺点，那
么毫不奇怪，它们也经常会干涉其他弱小的国家，包括那些
建立了民主制度的某些方面的国家，它们甚至基于扩张的理
由而走向战争。在第一种情形中，美国推翻了智利的阿连德
（Allende）的民主政府、危地马拉的阿本斯（Arbenz）、伊朗的摩
萨台（Mossadegh），甚至还可以加上尼加拉瓜的桑地诺派（the
sandinistas）等等。无论这些政权有什么优点，它们都可能被另一
个政府当局推翻；这样的政府当局受到寡头利益的推动，在不让

公众知情和批评的情况下采取了推翻行动，等公众知晓后一切为时已晚。在超级大国争霸的冷战情形中，它们很容易找到国家安全这个借口，使得人们相信那些脆弱的民主政体是一种危险和威胁（无论这看起来是多么的不可能）。尽管民主人民并不是扩张主义者，但他们的确要捍卫其安全利益；并且一个民主政府很容易以安全利益为借口进行偷偷摸摸的干涉行动，尽管这样的干涉行动实际上是由幕后的经济利益所驱动的[69]。

[54] 　　当然，现时代建立起来的根基稳固的立宪民主的民族，过去都曾参与建立帝国的战争。几个欧洲的民族在18、19世纪时就是这样做的，且一战前英、法和德三国之间的角力也是如此。英、法在18世纪中叶为建立帝国进行了七年战争。法国失去了它在北美的殖民地，并且英国在1776年革命后也失去了其美洲殖民地。我在这里无法对这些事件提供一种解释，因为这将会涉及对这些民族的阶级结构进行历时性的分析，这些结构如何影响英、法两国早在17世纪便产生了的对殖民地的欲望，以及军队在支持这种欲望中所扮演的角色。它还涉及对重商主义时代特许贸易公司（王室给予它们垄断经营权）如东印度公司和哈得孙湾公司的研究[70]。显然，对比具有上述（a）至（e）这些支撑性要素的立宪民主社会，现实社会的缺点我们只需略加研究就能看得很清楚。因此，康德的和平联盟的假设是否能成立，取决于现实中这类立宪政体的状况与带有上述支撑性要素的该政体的理想形态有多接近。如果上述那个假设是正确的，民主人民间的武装冲突将会随着他们接近那个理想形态而趋于消失；并且民主人民如果参与

战争的话，他们只会结成同盟与法外国家作斗争。我相信此假设是正确的，并且认为它支持了万民法作为一个现实主义乌托邦的理念。

§6诸自由人民所组成的社会：它的公共理性

6.1 万民社会以及合乎情理的多元论。给定人民间存在着合乎情理的和不可避免的差异，也就是他们具有不同的制度、语言、宗教、文化以及不同的历史，并且他们分散在世界上的不同领土和地域，经历着不同的事件（这些差异与自由社会内部的合乎情理的多元论的事实相类似），那什么东西才能成为一个万民社会的基础呢？

为了探究怎样才能获得这样一个基础，我要重复我在导论中所说过的东西：很重要的是要看到，万民法是从政治自由主义中发展出来的。这个出发点意味着万民法是自由主义的正义观从**自由人民内部社会**到一个**万民社会**的扩展。从一种自由主义的正义观中发展出万民法，我们就为一个合理程度上正义的自由人民制定了其外交政策的理想和原则。我区分了自由人民的公共理性和万民社会的公共理性。前者是平等公民在社会内部讨论有关他们

[55]

政府的宪法根本要素以及基本正义问题的公共理性；后者是自由平等的自由人民在讨论他们作为人民的彼此关系时的公共理性。后一种公共理性的内容，正是万民法及其政治观念和原则、理想与标准。尽管这两种公共理性的内容并不相同，但公共理性在自由平等人民间所扮演的角色，与它在一个立宪民主社会中自由平等公民间所扮演的角色是类似的。

政治自由主义提议，在一个立宪民主政体中，关于真理和正当的整全性学说在公共理性中将被一种政治上合情理性理念（它面向作为公民的公民）取代。请注意这里的相似性：公共理性是由万民社会的成员提出来的，并且面向作为人民的人民。它们并不是根据在这个或那个社会占统治地位的、关于真理和正当的各种整全性学说表达出来的，而是根据不同的人们都能共享的东西来表达的。

6.2 公共理性的理想。 与公共理性的理念不同的是公共理性的**理想**。在自由人民内部社会，当法官、立法者、行政首长、其他政府官员和公职候选人出于并遵循公共理性的理念而行动，并根据他们视为最合乎情理的、正义的政治观念向其他公民解释他们所支持的重要政治立场的理由时，该理想就实现了，或者说得到满足了。以此方式，他们在彼此之间并且对其他公民履行了我所讲的公民性责任（duty of civility）。因此，法官、立法者、行政首长，他们是否出于并遵循公共理性而行动从他们的日常言行中持续显示出来。

[56]

公共理性的理想是如何由作为非政府官员的公民们来实现的呢？在代议制政府中，公民们投票选举代表——行政首长、立法者及其他人，而不是为特定的法律而投票（除非在州或地方层次上，他们可能就全民公决的问题直接投票，这些通常不是基本问题）。为了回答这一问题，我们从理想的角度讲，公民们要认为自己**仿佛**就是立法者，并扪心自问：由何种满足相互性标准的理由支持的哪种法令，才是最合乎情理的[71]？公民们把自己视作理想的立法者，并拒绝支持那些违背公共理性的政府官员和公职候选人，这种倾向如果既坚定持之且传播广泛，它就是民主政治与社会的根基之一，而且对民主的持久力量与活力而言至关重要。因此，公民们通过尽其所能让政府官员谨守公共理性的理念，从而履行了其公民性责任并支持了这一理念。如同其他政治权利与责任一样，它根本上是一项道德责任。我强调它不是一项法律责任，因为那样的话它就与言论自由不相容了。

相似地，当法官、立法者、行政首长、其他政府官员和公职候选人出于并遵循万民法的原则而行动，并向其他人民解释他们追求或改变他们所代表的那个人民的外交政策以及关涉其他社会的国家事务的理由时，自由平等人民的公共理性的理想就实现了，或者说得到满足了。至于普通公民，和前述类似，从理想的角度讲，公民们要认为自己仿佛就是行政人员和立法者，并扪心自问：由何种考虑支持的哪种外交政策，推行起来才是最合乎情理的？公民们再一次把自己视作理想的行政人员和立法者，并拒绝支持那些违背自由平等人民间的公共理性的政府官员和公职候选人，

[57]

这种倾向如果既坚定持之且传播广泛，它就会成为人民间的和平和相互理解的政治和社会基础的一部分。

　　6.3 万民法的内容。请回想一下，在自由人民内部社会的情形中[72]，公共理性的内容是由适合于立宪民主政体的自由主义正义原则的一个家族而非单独一个原则给予的。存在着许多种自由主义，因此也存在着由合乎情理的政治观念的这个家族所界定的多种形式的公共理性。我们发展出万民社会的公共理性的任务，就是去界定它的内容——它的理想、原则和标准——以及它是如何应用到人民间的政治关系上的。而这项任务，当我在 §4 讨论万民法八原则的优点时，便在第二层次上的原初状态的第一个论证中完成了。这些为人们所熟悉以及在很大程度上称得上传统的原则，是我从历史、国际法及实践的用法中提取出来的。如我在 §4 中所说的那样，和《正义论》《政治自由主义》中的情形不一样，在第二个原初状态中，我们并没有把一份备选原则和理想的目录给予原初代表，并让他们做选择。作为替代，自由主义立宪民主人民的代表只是思考这些人民间平等的原则的优点，并且找不到任何理由去背离这些原则或提出其他的替代方案。当然，这些原则必须满足相互性标准，因为此标准在两个层次上——在作为公民的公民间，在作为人民的人民间——都成立。在后一种情形中，它要求在提出一个用于规制人民间的相互关系的原则时，一人民或者其代表必须认为提出此原则不仅从自己的角度看是合乎情理的，而且从将要接受它们的其他人民的角度看也同样是合乎情理的。

6.4 结论。 我刚刚在 §3-§5 完成了理想理论的第一步的讨论。什么时候我们才可以合乎情理地将第一步得到的万民法看作暂时合理的和有辩护的呢?

[58]　　（ⅰ）我们必须能认识到,在第二个原初状态中为得出万民法的原则和标准的推理是非常合理的,是能得到进一步支持的。对基于正当理由的稳定性的说明,也必须使我们感觉到它是有说服力的。

　　（ⅱ）关于民主和平的观点也应该是可信的,并且得到关于民主人民行为的历史记录的充分支持。它还需要得到那个指导性的假设的确认——那些充分满足（a）至（e）这些本质性的支持条件的民主社会,它们相互间会保持和平。

　　（ⅲ）最后,作为自由社会的公民,我们经过恰当的反思必须能够认可万民法的原则和判断。关于此万民法的社会契约的观念,比其他为我们所熟知的观念,更能将我们在所有普遍层次上的深思熟虑的政治信念和政治（道德）判断联结起来,并整合成为一个融贯的观点。

　　在接下来的第Ⅱ部分,我将在 §8-§9 讨论正派的等级制人民。在第Ⅲ部分,我将讨论**非理想**理论的两个步骤。我们还将继续关注正派人民的观点的原因,不是要替**他们**开列正义原则,而是要使我们自己确信:一个自由人民的外交政策的理想和原则,从一个正派但非自由人民的观点看来,同样是合乎情理的。达至这种确信的愿望，是内在于该自由主义观念的一个特征。

注释：

[1]　参见《政治自由主义》第 36 页的定义。亦可参见《公共理性理念再探》。

[2]　基于正当理由的稳定性，意味着这种稳定性是由公民遵循体现他们的正义感（这种正义感是他们在正义的制度下成长并参与正义的制度时获得的）的恰当原则而正确地行动所带来的。

[3]　但这并不能推出，森的基本能力的理念在此并不重要；实际上，它很重要。他的想法是，社会必须关注公民有效的基本自由的分配；对他们的生活来说，这些能力比拥有多少基本益品更为根本，因为公民在使用这些益品去追求他们可欲的生活方式时，他们的能力和技能是不一样的。从基本益品的立场出发对此的回答是：我们认同此主张——的确，任何对基本益品的使用都必须对公民的能力做某些简单的假定——但我还想进一步指出，如果没有这些假定或相似的假定，那么应用有效的基本能力的理念就需要更多的信息，这大量的信息可能超出在政治社会中可获得的、可合理应用的信息量。作为替代，通过将基本益品纳入正义原则的界定中，并相应地以此来组织社会的基本结构，我们也许就可以在实践中接近森的有效自由的一种正义分配。他的理念具有本质的重要性，因为要解释使用基本益品的恰当性的话就需要它。关于森的观点，参见他的 *Inequality Reexamined*（Cambridge, Mass.: Harvard University Press, 1992），尤其是第 1-5 章。

[4]　参见 *Political Liberalism*，Ⅱ：§ 1, pp. 48-54，和"The Idea of Public Reason Revisited," pp. 136ff。

[5]　在这些自由主义中，"作为公平的正义"是其中最具平等主义色彩的。参见 *Political Liberalism*，pp. 6ff。

[6] 有些人会认为合理多元论的事实意味着：在整全性学说中的一种公平裁决的形式，必须只能是程序性的而不可能是实质性的。斯图尔特·汉普希尔（Stuart Hampshire）在他的 *Innocence and Experience*（Cambridge, Mass.: Harvard University Press, 1989）中强力地论证了这种观点。但是，在上文中，我假定几种形式的自由主义中的每一种都是实质性的观念。对于这个问题的一个透彻的讨论，参见 Joshua Cohen, "Pluralism and Proceduralism," *Chicago-Kent Law Review*, vol. 69, no. 3（1994）。

[7] 对于自由主义的各种正义观念，我们还可以称之为关于自由主义的自由（liberalisms of freedom）。它们的三个原则保障了各种基本权利和自由，并赋予它们一种特殊的优先性，确保所有公民都具有足够的通用手段以使他们的自由并非纯形式上的。在这方面，它们与康德、黑格尔的立场一致，但密尔就不是太明显。进一步讨论请参考 §7.3。

[8] 参见 *Political Liberalism*, pp. 60ff。这种宽容理念的要点可以概括如下：（1）不是所有合乎情理的人都会认同相同的整全性学说。这被认为是"判断的负担"带来的一个后果。（2）许多合乎情理的学说会得到人们的认同，但从任一合乎情理的整全性学说的立场出发判断，不可能所有的都是真实的或正确的。（3）认同合乎情理的整全性学说中的任一种，都不是不合乎情理的。（4）其他人尽管认同与我们不同的合乎情理的整全性学说，但这些人也同样是合乎情理的。（5）在认同我们认为是合乎情理的整全性学说时，我们并不会因此成为不合乎情理的。（6）合乎情理的人认为，某些人（当他们拥有政治权力时）使用政治权力去压迫那些与其认同的学说有所不同但仍然合乎情理的学说，这是不合乎情理的。这些要点看起来太过偏狭了：因为我认识到每个社会同样还存在着许多不合乎情理的学说。但是，关于这些点，最重要的是要看到：在多大程度上让不合乎情理的学说发挥作用，在多大程度上宽容它们，这都不是由上述那些要点来决定的，而是由正义原则及其所允许的行为类型来决定的。关于这一点，我要感谢埃琳·凯利。

[9] 有一个问题一定会被提出来：万民法在第二层次上使用原初状态，该原初状态为什么只是对人民而不是对个人保持公平呢？人民本身有什么属性，使得我们要赋予它在万民法中（道德的）行动者的地位呢？部分答案会在 §2 给出，在那里，我们将界定人民的理念，但更进一步的解释则在 §11。那些受此问题困扰的读者现在就可以翻到相应的章节一探究竟。

[10] 对该理念的讨论在第 II 部分 §7。关于公共理性的理念，参见 John Rawls, "The Idea of Public Reason Revisited," in *Collected Papers*, pp. 573-615。

[11] 这里我吸收了如下思想家的一些看法：Raul Hilburg, *The Destruction of the European Jews*, 3 vols.（Chicago：University of Chicago Press, 1961）, students'abbreviated edition in 1 vol.（New York：Holmes and Meier, 1985）；以及 Hannah Arendt, *Eichmann in Jerusalem*（New York：Viking Press, 1963）。关于希特勒权力的来源，参见 Ian Kershaw, *The Hitler Myth: Image and Reality in the Third Reich*（New York：Oxford University Press, 1987）, 以及 Peter Fritzsche, *Germans into Nazis*（Cambridge, Mass.：Harvard University Press, 1998）。另可参见 Charles Maier, *The Unmasterable Past*（Cambridge, Mass.：Harvard University Press, 1988）, especially pp. 80ff, 这本书第三章考察了大屠杀独特性问题。还可以参见 Philippe Burrin, *Hitler and the Jews: Genesis of the Holocaust*, with an introduction by Saul Friedländer（London：Edward Arnold, 1994）。布赫林相信，希特勒的目的是对欧洲的犹太人进行最后和彻底的灭绝的这种大屠杀，大约是从 1941 年 9 月开始的，那时候，德国对苏联的战争困难加剧。

[12] Saul Friedländer, *Nazi Germany and the Jews*（New York：HarperCollins, 1997）, vol. 1, p. 87.

[13] 一份警察报告记录了希特勒 1926 年在慕尼黑的一次演讲中的说辞："圣诞对国家社会主义而言恰恰意义重大，因为基督是与犹太人这一世界公敌进行斗争的先驱。基督并非和平的倡导者，这只是教会后来赋予他的

形象；毋宁说，他具有史上最伟大的斗争品格。为了千禧盛世的到来，基督教义最根本的部分就强调与犹太人这个人类公敌的斗争。基督开启了此任务，我将完成它。国家社会主义并不是别的什么东西，而是基督教义的实际推行。"参见 Friedländer, *Nazi Germany and the Jews*, p. 102。

[14] Lord Acton, "The Massacre of St. Bartholomew," *North British Review*（October 1869）。该描述来自 vol. II of Acton's *Collected Works*（Indianapolis：Liberty Classics, 1985）, p. 227。值得注意的是，1997 年 8 月教皇约翰·保罗二世（Pope John Paul II）在巴黎的一个仪式上，借大屠杀周年之际向教会做出道歉。参见 *New York Times*, August 24, 1997, p. A3。

[15] 在天主教会的 *Declaration of Religious Freedom—Dignitatis Humanae*（1965）中，它自己承诺根植于立宪民主的宗教自由原则。它宣布了宗教自由的伦理原则建立在人类尊严之上；一种关于政府在宗教事务上的限制的政治学说；关于教会在其与政治、社会世界的关系上享受的自由的神学学说。根据此宣言，所有人，无论他们的信仰是什么，都有相同的宗教自由的权利。正如约翰·考特尼·默里（John Courtney Murray, S. J.）所言："一个长久以来模糊不清的地方被澄清了。教会不能依据双重标准来处理世俗事务——在天主教成为少数派时要求教会的自由——而在天主教成为多数派时要求教会的特权以及对他人的不宽容。"参见 *Documents of Vatican II*, ed. Walter Abbott, S. J.（New York：American Press, 1966）, p. 673。

[16] 1933 年 4 月 4 日对美国的一次广播演讲当中，新教有名的奥托·迪贝柳斯（Otto Dibelius）主教为德国的新政权 1933 年 4 月 1 日抵制犹太人的运动（开始只是计划持续 5 天）做辩护。在给其教区的牧师的一份机密的复活节文告中，他说："我们亲爱的兄弟们！我们不仅理解，而且完全同情近期**民众**运动（the *völkisch* movement）的动机。尽管一段时间以来经常会出现邪恶的杂音，但我依然自认为是反犹主义者。所有人都不能对犹太人给现代文明带来的破坏视而不见。"迪特里希·潘霍华（Dietrich

Bonhoeffer），这个人后来在抵抗运动中扮演着英雄的角色，并且后来成为认信教会（the Confessional Church）的领袖，他对 4 月抵制有如下说法：“在基督教会里，我们从未忘记过选民的理念，他们将世界的救主基督钉在十字架上，那么他们必定要在很长的历史时期内历经痛苦来承担对其行为的诅咒。”两者均引自 Friedländer, *Nazi Germany and the Jews*, 分别在第 42 页和第 45 页。可以合理地认为，在一个正派社会里，这种由国家来组织的抵制，都被视作对宗教自由和良心自由的公然侵犯。为什么这些教士不这样认为呢？

[17] 在此初始阶段，我使用了密尔《代议制政府》（1862）第 16 章开篇的几段话，在那里，他使用了一种民族性（nationality）的理念去描述一人民的文化。他说：“如果人类的一部分由共同的同情感联结在一起，这种感情不是他们和任何别的人们所共有的，这部分人类就可以说构成了一个民族——这种共同的同情感使他们之间（较之其他人民）更愿意彼此合作，希望处于同一个政府之下，并希望这个政府完全由他们或他们中的一部分人治理。产生这种民族的情感的可能原因多种多样，有时它是同一种族和血统的结果。共同的语言和共同的宗教极大地促进了这种民族感情的形成。地理界线也是其成因之一。但最重要的原因是：共同的政治经历；拥有民族的历史，以及因此产生的共同的回忆；与过去发生的事件联系着的集体的骄傲和耻辱，快乐和悔恨。但是，所有这些因素，没有任何一个因素自身就足以产生这些情感。”参见 *Considerations on Representative Government*, ed. J. M. Robson（Toronto：University of Toronto Press，1977），in *Collected Works*，vol. XIX，chap. XVI，p. 546。

[18] 我要感谢约翰·库珀（John Cooper），就这些特征与我进行的富有启发性的讨论。

[19] 值得一提的一个例子是对选举和公共政治讨论的论坛的公共资助；没有这些，合理的公共政治就不可能发展繁荣。试想一下，当政客依赖其选民提供竞选资金，而在背景文化中存在极度不平等的收入和财富分配，

巨额财富掌握在企业经济势力手中时，国会的立法实际上不就是由游说者来写的吗？那么国会不就变成一个为买卖法律而讨价还价的场所吗？

[20] 在这里，我所想到的民族的理念，与政府或国家的理念是不同的，并且我将之诠释为指密尔所描述的一种文化价值的样式（前面注释17）。以这种方式来理解民族的理念，我追随并得益于耶尔·塔米尔（Yael Tamir）富有启发性的著作 Liberal Nationalism（Princeton：Princeton University Press，1993）。

[21] 为了公平地对待对克劳塞维茨，我们要多谈几句。对他来说，国家的利益还包括任何种类的节制性的道德目的；这样，战争的目的可以是捍卫民主社会反对专制政体的，犹如第二次世界大战那样。在他看来，政治目的并不是战争理论中的一部分，尽管它们一再出现，并对战争的进行有相当影响。关于此，请参见彼得·帕雷特（Peter Paret）非常有启发性的评论："Clausewitz," in The Makers of Modern Strategy: From Machiavelli to the Nuclear Age, ed. Peter Paret, Gordon A. Graig, and Felix Gilbert（Princeton：Princeton University Press，1986），pp. 209-213。该文所指的观点典型的就是腓特烈大帝追求的国家理性（raison d'état）。或参见 Gerhard Ritter, Frederick the Great, trans. Peter Paret（Berkeley：University of California Press，1968）中第10章和第197页的论述。

[22] 我要强调，该万民法并没有质疑政府权威施行国内法律的正当性。有人对政府所谓的对权力的垄断提出了替代方案，但这会允许那些有意愿和手段运用这种权力的人的私人性的暴力。

[23] 丹尼尔·菲尔波特（Daniel Philpott）在他的 "Revolutions in Sovereignty," Ph.D. dissertation（Harvard University，1995）中论证说：主权权力在不同时期的变化，根源于人们关于正当和正义的国内政府的理念的变化。假如粗略地将此观点看作正确的，那么对这种转变的解释看起来就在于立宪民主政体的兴起和被接受，它们在一战和二战中的成功，以及对苏联共产主义信仰的逐渐丧失。

[24] 参见 Robert Gilpin, *War and Change in World Politics* (Cambridge：Cambridge University Press，1981)，chap. 1，pp. 9-25。亦 可 参 见 Robert Axelrod, *The Complexity of Cooperation* (Princeton：Princeton University Press, 1997)，第 4 章 "选边站" 对二战中国家的结盟进行了解释。

[25] 帕默斯顿（Palmerston）爵士说："英格兰没有永远的朋友，也没有永远的敌人，只有恒久的利益。"参见 Donald Kagan, *Origins of War and the Preservation of Peace* (New York：Doubleday，1995)，p. 144。

[26] 吉尔平（Gilpin）的主要论题是 "千年以来，国际关系的根本特征并未发生根本变化。国际关系的基本面貌，还是各自独立的行动者在一种无政府状态下为财富和权力而循环往复地斗争。修昔底德的历史尽管写于公元前 5 世纪，但对今天国家的行为仍有意义。"参见 Gilpin, *War and Change in World Politics*，p. 7。他在第 6 章为此论题提供了理由。

[27] 修昔底德在他伟大的 *History of the Peloponnesian War*，trans. Rex Warner (London：Penguin Books，1954) 中，讲述了在雅典与斯巴达的长久战争中希腊城邦注定自我毁灭的故事。它们的历史在中途便戛然而止，仿佛中断了一样。是修昔底德停下来不写了，还是他没能力写下去了呢？这就好像他说 "等等" 后就省略了，因为所写的故事已经足够长了。驱使城邦走向战争的因素，也就是使其自我毁灭变得越来越不可避免的东西。请听雅典人对斯巴达人的第一次演讲："接下去我们所做的没什么奇怪的，与人性也不相悖；如果我们确实接受了一个奉献给我们的帝国而且不肯放弃它的话，那是由于有三个最强有力的动机驱使，即安全、荣誉和自我利益。我们也不是首创这个先例的，远远不是。因为弱者应当臣服于强者，这一直都是一条普遍的法则；同时，我们相信我们自己配享这种权力。在此之前，你们也是像我们这样思考问题的；但现在，当你们考虑到自身利益的时候，才开始使用正当和错误这样的词语。当人们有机会以武力获取更多利益时，没有人会因为这种考虑而放弃其雄心。真正值得赞颂的，是那些足够人性化地享受他们的权力，但又能对正义

多加注意而不是为形势所迫才关注正义的人。我们认为，如果任何人处于我们的地位，那么我们是否在行中庸之道就是非常明显的了。"（第 I 卷，第 76 页）

自我毁灭的循环是如何进行下去的，这已经是显而易见的了。修昔底德认为，如果雅典人遵循伯里克利的建议，只要与斯巴达及其同盟的战争还在继续，就不要进行帝国扩张，那么他们本来是有可能赢得战争的。但由于米洛斯人的入侵以及亚西比德主张和力劝对西西里岛进行愚蠢的远征，雅典就注定要自我毁灭了。人们说，拿破仑对自己入侵俄国曾有过这样的评论："帝国毁灭于消化不良。"但他还尚未公正地看待自己。帝国其实是毁于贪得无厌，毁于对权力的热望的无限扩张。自由民主人民之间和平的可能性在于人民作为立宪民主国家的内在性质以及随之而来的公民动机的变化。对于我们所述的"现实主义乌托邦的可能性"的目的而言，很重要的是要认识到雅典并非一个自由民主社会，尽管可能它认为自己是。它是 35 000 名男性议会成员统治大约 30 万人的独裁政体。

[28] Gilpin, *War and Change in World Politics*，尤其是第 5 章讨论了争霸战争的特征。

[29] 参见 §14 的讨论，我在那里讨论了自由人民为了自卫而进行战争的权利。

[30] 参见《政治自由主义》I：§4 中对原初状态以及无知之幕的讨论。

[31] 注意："你和我"是指"此时此地"的、同一个自由民主社会中的、确定我们所讨论的自由主义的正义观的公民。

[32] 在这里，被塑造的是一种**关系**，即代表公民的原初各派的关系。在第二层次的第二个原初状态中，被塑造的是代表着各人民的各派的关系。

[33] 此理念来自所谓的"相同情形规则"：在所有相关方面平等的人们，应该得到平等的代表。

[34] 这段话重述了《政治自由主义》1996 年平装本第 24-25 页中的长脚注的内容。此脚注吸收了威尔弗里德·欣施（Wilfried Hinsch）于 1992 年 7 月在巴特洪堡（Bad Homburg）演讲的一篇论文的观点，我极大地受益

于它。

[35] 在此情形中，"你和我"是一些自由民主社会中的公民，但并非同一个自由民主社会。

[36] 参见《政治自由主义》第 29-35 页。

[37] 参见《政治自由主义》1996 年平装本第 24-25 页的那个长脚注，上面也对此注释进行了重述。

[38] 我对此的说明追随了登特（N. J. H. Dent）在他的 *Rousseau*（Oxford: Basil Blackwell, 1988）中 以 及 Frederick Neuhouser, "Freedom and the General Will," *Philosophical Review*, July 1993 中 提 出 的 观 点。唐 纳德·卡根（Donald Kagan）在他的 *Origins of War and the Preservation of Peace* 中指出了荣耀（honor）的两种含义。如我描述的那样（上面以及下一节），其中一种意义上的荣耀与获得了满足的人民以及他们稳定的和平是相容的，然而另一种意义上的荣耀就并非如此，而是为冲突埋下了导火索。我相信卡根低估了荣耀的这两种含义的巨大差别。

[39] 此处的说明类似于在一个自由社会中所使用的合情理性的理念。参见《政治自由主义》II：§ 1。

[40] 康德写道（AK, VIII：367）："国际法的理念预设了许多独立毗邻国家的各自存在。尽管这一状态本身就已是一种战争状态了（除非有一个邦联性的联盟来阻止敌对行动爆发），但这总比各个国家臣服于一个超级权力而合并在一起更值得偏爱，因为这最终会导致一个大一统君主制的出现；法律总是随着政府控制的领土的增大而越发丧失活力，因此，无灵魂的专制体在铲除了善的种子后，将沦为一种无政府状态。"（Immanuel Kant, *Perpetual Peace*, 1795）这种对待大一统君主制的态度也为 18 世纪其他作者所分享。如参见 David Hume, "Of the Balance of Power"（1752）, in *Political Essays*, ed. K. Haakonssen（Cambridge: Cambridge University Press, 1994）；欣斯利（F. H. Hinsley）在其著作中还提到孟德斯鸠、伏尔泰和吉本（Gibbon），参见他的 *Power and the Pursuit of Peace: The-*

ory and Practice in the History of Relations between States（Cambridge：Cambridge University Press，1967），pp. 162-164。欣斯利在第 4 章对康德的观点进行了一个有启发性的讨论。另可参看 Patrick Riley, *Kant's Political Philosophy*（Totawa：Rowman and Littlefield, 1983），第 5、6 章。

[41] 参见《正义论》，该书第 2 章讨论了正义原则，第 3 章给出了从原初状态中选择该正义原则的理由。《正义论》的引注，均来自原版（Harvard University Press，1971）。

[42] 参见 J. L. Brierly, *The Law of Nations: An Introduction to the Law of Peace*, 6th ed.（Oxford：Clarendon Press，1963），以 及 Terry Nardin, *Law, Morality, and the Relations of States*（Princeton：Princeton University Press，1983）。他们两人都开出了相似的、作为国际法原则的清单。

[43] 该原则尤其有争议，我将在 §15-§16 讨论它。

[44] 查尔斯·拜茨在其 *Political Theory and International Relations*（Princeton：Princeton University Press，1979）第 2 章中对国家的权威问题进行了一个有价值的讨论，主要的要点概括于第 121-123 页。我从中获益良多。

[45] 一个明显的例子就是 1860 年至 1861 年美国南部是否有权利脱离联邦。从上述标准来看，它没有这一权利，因为脱离之后将使得其内部奴隶制持续下去。这和那些严重侵犯人权的行为都是一样的，况且它涉及的几乎是半数的人口。

[46] 关于此原则，参见 Robert Keohane, *After Hegemony*（Princeton：Princeton University Press，1984）。

[47] 我这里所指的"基本需求"，大体上是指如果公民要运用其权利、自由及社会中的机会就必须满足的东西。它们包括经济手段，以及制度性权利与自由。

[48] 这一点预示着，某一人民至少具有一种有限的权利去限制外来移民的涌入。关于对这种权利的限制是什么，我在此搁置不论。还有，我在此所做的一些重要的假设，我也暂不讨论，而将之留到第三部分 §15 再做

详述：在那里我考察了组织有序的社会对那些因不利状况而负担沉重的社会负有什么责任的问题。另一个限制移民的理由是保护一人民的政治文化及其立宪原则。参见 Michael Walzer，*Spheres of Justice*（New York：Basic Books，1983），pp. 38ff，他对此理由有一个非常好的陈述。他在第39 页论道："正如西季威克所忧心忡忡地评论的，推倒国家的围墙并不会造就一个没有围墙的世界，而是分离出千万个小堡垒。这些堡垒也能被摧毁——唯一需要的就是一个全球性的政府，它能充分有力地去压制地方性的共同体。这样得到的就是一个政治经济学家所设想的世界，正如西季威克所描述的那样（我也许会加一句，称这是全球性资本主义的世界）——这是一个男男女女背井离乡的世界。"

[49] 参见《正义论》第 2 章和第 3 章。

[50] 我使用此形容词去强调联盟比联邦要宽松得多，并且不涉及联邦政府的权力问题。

[51] 可以把前两个组织看作在某种方式上类似于关贸协定（GATT）和世界银行（World Bank）的组织。

[52] 我在这里假定，和在自由社会内部的情形中一样，除非存在公平的背景条件，并且能历世代变换而维持着，否则市场交易是无法保持公平的，并且得不到辩护的不平等将会逐渐在人民间产生。这种背景条件以及与它们相关的所有东西所扮演的角色，类似于自由社会内部基本结构所扮演的角色。

[53] 对于下面这样的状况，万民法将会说些什么呢？假定欧洲的两个或多个自由民主社会，比如比利时和荷兰，或者这两者再与法国和德国决定它们想结合成一个单一社会，或一个单一联盟。假定它们都是自由社会，任何这样的联盟都必须在每个社会中进行投票决定，并对此结盟的决定进行彻底的讨论。还有，因为这些社会都是自由社会，它们采纳了一种自由主义的政治性正义观，这种正义观具有三个标志性的原则并满足相互性标准；这些是所有自由主义的正义观都必须符合的条件（§1.2）。除

了这个条件，这些社会的选民必须投票决定哪种政治观念是他们认为**最合乎情理**的，尽管所有这样的观念至少都是合乎情理的。在这样的一场投票中，如果选民认为差别原则是最合乎情理的，他或她就可能会投票支持差别原则（最具平等性的自由主义的观念）。但只要相互性标准满足了，三个标志性原则的其他变体与政治自由主义也是相容的。为了避免混淆，我添加稍后称为"援助责任"的东西，它只应用于自由和正派人民对**负担沉重的社会**（§15）所担负的责任。正如我将会在那里说明的那样，这样的社会既不是自由的也不是正派的。

[54] 此过程类似于对一种宽容原则的逐渐接受，尽管在一开始可能是犹犹豫豫的。

[55] 参见前面注释 27。

[56] 参见 Albert Hirschman's *Rival Views of Market Society*（Cambridge，Mass.：Harvard University Press，1992），pp. 105ff。

[57] 参见 Hirschman，*Rival Views*，pp. 107ff。*moeurs douces*（温和的风尚）这个短语出自孟德斯鸠的 *The Spirit of Laws*，trans. and ed. Anne Cohler，Basia Miller，and Harold Stone（Cambridge：Cambridge University Press，1989），book 20，p. 338。在该卷的第 2 章，孟德斯鸠论证了商业倾向于带来和平。

[58] 此段和接下来的段落，我参阅了雷蒙·阿隆的著作 *Peace and War*，trans. R. Howard and A. B. Fox（Garden City：Doubleday，1966），pp. 160ff。

[59] 我在第三部分 §15 指出，对人权保护的坚持，可能会给一个社会施加一种压力，并促使它朝着一个立宪政体的方向转变；比如说，如果这样的一个立宪政体对于防止饥荒和饥饿而言是必要的话。

[60] 还要补充一点，当自由人民受到一个国家的强大压力，被迫接受压迫性的、极其不合乎情理的和解条款时，就不能合乎情理地期望任何有自尊的、认同自己的文化自由权的自由人民会接受这些条款。一个例子就是一战爆发前德国对法国的苛刻要求。关于此事例，参见 Kagan，*Origins*

of War and the Preservation of Peace，p. 202。

[61] 参见 *Political Liberalism*，Ⅶ：§ 3 和 Ⅷ：§ 7。

[62] Ibid.，Ⅶ：§ 3.

[63] Ibid.，Ⅷ：§ 12- § 13.

[64] 参见杰克·列维（Jack S. Levy）的 "Domestic Politics and War," in *The Origin and Prevention of Major Wars*，ed. Robert Rotberg and Theodore Rabb（Cambridge：Cambridge University Press，1989），p. 87。列维提到，许多历史方面的研究已经证实了梅尔文·斯莫尔（Melvin Small）和大卫·辛格（J. David Singer）在 *Jerusalem Journal of International Relations*，vol. Ⅰ，1976 中得出的结论。

[65] 迈克尔·多伊尔的精彩论述参见 *Ways of War and Peace*（New York：Norton，1997），pp. 277-284。整个论述康德的第九章是与此相关的。多伊尔的观点的某些方面，早先曾发表于由两部分组成的文章中："Kant，Liberal Legacies and Foreign Affairs," in *Philosophy and Public Affairs*，12（Summer/Fall 1983）。相关证据的概述在第一部分第 206-232 页，多伊尔在第 213 页写道："那些（基于自由的原则及制度的国际含义之上的）相互尊重的协定，已经构成了有效运作的自由民主的国家间关系的一种合作基础。虽然自由国家曾陷入与非自由国家的无数战争中，但宪法上保障自由的国家还从未卷入与另一自由国家的战争。没有人会主张这样的战争是不可能的；但初步的证据似乎的确表明……在自由国家之间有一种显著的反对战争的先在倾向。"亦可参见 Bruce Russett，*Grasping the Democratic Peace*（Princeton：Princeton University Press，1993），and John Oneal and Bruce Russett，"The Classical Liberals Were Right：Democracy，Independence，and Conflict," *International Studies Quarterly*，June 1997。上述两位作者认为，有三个因素减少了这些国家间冲突的可能性：共享的民主，相互间进行贸易和商业往来，以及在国际性和地区性组织中的成员身份。第三个因素的相关性将会在接下来的万民法中出现，因此我

们是充分地考虑到了这一点的。在这些组织中的成员身份可能会在成员间建立各种外交纽带，使得政治冲突更加可控。

[66] 只需指出这两个城邦都有奴隶就足够了。尽管雅典的光辉文化是真的，但人们不能忘记奴隶制的事实，或者说那些有权参与公民大会的约 3 万人乃是独裁者，统治着超过 30 万的人口，包括奴隶、外邦人、工匠以及女性。

[67] 我在这里指的是他谋划的使普鲁士征服德国的那三次战争：石勒苏益格－荷尔斯泰因战争（1866），普奥战争（1866），普法战争（1870—1871）。

[68] 参见 Levy, "Domestic Politics and War," p. 88。在这些研究中，民主的众多定义与列维提到的斯莫尔和辛格的文章中对民主的定义类似，列维在一个脚注中将这些定义列举如下：（1）常规性地举行选举和反对党的自由参与；（2）至少 10% 的成年人能投票；（3）一个控制行政部门或分享行政部门同等权力的议会（同上书，第 88 页）。我们对自由民主政体的定义超越了这些定义。

[69] 关于这一点，参见 Allan Gilbert, "Power Motivated Democracy," *Political Theory*, 20（1992）：681, esp. pp.684ff。

[70] 关于这些问题及其经济影响，参见亚当·斯密（Adam Smith）的 *The Wealth of Nations*（1776）以及熊彼特（Joseph Schumpeter）的 "The Sociology of Imperialisms," in *Imperialism and Social Classes*（1917）, ed. Paul Sweezy（New York：Kelley, 1951）。亦可参见阿尔伯特·赫希曼（Albert Hirschman）的 *Rival Views of Market Society*，注意他提到的封建制度束缚的命题，在第 126-132 页。与此相关的还有 Michael Doyle, *The Ways of War and Peace*, chapter 7，在那里，他讨论了回溯到 18 世纪的商业和平的理念，而斯密和熊彼特就是其杰出代表。

[71] 这一标准与康德关于原始契约的原则有些类似。参见 *Metaphysics of Morals*, *Doctrine of Right*，§47-§49，以及 "Theory and Practice" 第 Ⅱ 部分。

[72] 参见《公共理性理念再探》。

第Ⅱ部分
理想理论的第二部分

§7 宽容非自由人民

7.1 宽容的含义。将万民法扩展到非自由人民中去的一个主要 [59]
任务是：界定自由人民应该在多大程度上宽容非自由人民。在这
里，宽容不仅意味着抑制住不去施加政治制裁——军事的、经济
的或外交的——来迫使一人民改变其发展路径。宽容还意味着将
这些非自由社会认可为万民社会中资质良好的平等参与者，他们
拥有某些权利和义务，包括一种公民性责任：这种责任要求他们
要为其行动向其他人民提供能被万民社会接纳的公共理性。

　　自由社会将与所有资质良好的人民合作，并且对他们进行援
助。如果所有社会都被要求变成自由主义的，那么政治自由主义
的理念将无法表达出对按照其他可接受的方式组织起来的社会
（如果有这样的社会的话，我假定会有）的应有尊重。我们认识
到，一个自由社会将会尊重它的公民的整全性学说——无论是宗
教、哲学的，还是道德的——只要追求这些学说的方式能够与一

种合乎情理的正义的政治观念及其公共理性相容。相似地，我们说，假定一个非自由社会的基本制度符合某些特定的政治正当和正义条件，并且能引导其人民去尊重一种合理程度上正义的万民法的话，一个自由人民就将去宽容和接受该社会。在找不到一个更好的名字的情况下，我将满足这些条件的社会称为**正派**人民社会（§8.2）。

[60]

7.2 对宽容理念的需要。有些人会说，万民法不需要发展出这样一种宽容的理念。他们给出的理由是：自由社会的公民应该根据其他社会的理想和制度在多大程度上表达和实现一个合乎情理的自由主义的政治观念来判断这些社会。给定多元论的事实，自由社会中的公民会认同由诸合乎情理的正义的政治观念所组成的一个家族，而对于其中哪个是最合乎情理的观念，他们则有分歧。但他们都认为：非自由社会并没有把具有理性、智力和道德感等所有这些能力的人看作真正自由和平等的人；并**因此**，他们说根据情况对非自由社会进行某些形式的制裁——政治的、经济的甚至是军事的——总是恰当的。根据此观点，自由主义的外交政策的指导性原则就应该是逐渐地去塑造所有现在尚未是自由主义的社会，促使它们朝着自由主义的方向转变，直到使得所有社会最终（在理想情形中）都变为自由主义社会。

但是，几行字之前的那个加黑体强调的"因此"所表示的推理，是以如下尚未解决的问题作为论据的：在还没有尝试去发展出一个合乎情理的万民法之前，我们怎么知道非自由主义的人民是不应该被宽容的？如我们在第二个原初状态中的论证（它挑选出了那些适合诸自由人民的万民法原则）中所看到的那样：各派是平等人民的代表，并且平等人民希望在与其他人民相处时维持这种平等地位。还有，让人民的代表去选择的东西，是对 §4 中所列出来的八原则的不同阐释。没有人民会认为其他人民的所得可以抵消自己的所失；并因此，效用原则以及道德哲学中讨论的其他原则，连成为一种万民法的备选原则的资格都没有。如我稍后会解释的那样，这种结果是在那个将自由主义的政治正义观念从自由人民内部社会扩展到万民法的程序中预示着的，并且它在将万民法扩展到正派人民时也成立。

7.3 万民社会的基本结构。 另一个重要的考虑如下：如果自 [61] 由人民要求所有的社会都变成自由主义的，并且对那些非自由主义的社会施加政治制裁，那自由人民就否认了正派但非自由的社会——如果有这样的人民的话——而应得到恰当程度的尊重。这种尊重的缺乏，将会损害正派但非自由人民作为人民的自尊，伤害他们的个体成员，带来痛苦和怨恨。若要否定对其他人民及其成员的尊重的话，必须提供强理由来进行辩护。自由人民并不能说正派人民否定人权，因为（我们将在 §8-§9 发展出正派性的理念，我们在那里就能看得很清楚）这样的人民认可和保护这些权利；并且自由人民也不能说，正派人民否定其成员在做政治决定时享有被咨询权，或者不允许他们发挥一种实质性的政治作用。因为我们将看到，这些社会的基本结构包含了一种**正派的协商等**

级制或与之相类似的制度。最后，正派人民允许一种持异议的权利，并且要求政府和司法官员尊敬地予以回答，这种回答要依据法治（由司法机关对法律进行解释）来对问题的是非曲直进行分析阐述。官员们不能因为自认为提出反对意见的人能力不足、不可理喻便拒绝听取这些意见。在正派社会里，由于持异议者的批评的推动，久而久之，正派人民所持有的共同利益的观念可能就会以这样那样的方式逐步改变。

　　所有的社会都经历着诸多逐渐发生的改变，这对正派社会以及其他社会而言都一样。自由人民不应该认为正派人民没能力以他们自己的方式去改革他们自身。通过把这些社会认可为万民社会的真正成员，自由人民就能鼓励这种变化。自由人民在任何时候都不能扼杀这种改变，而撤回对正派人民的尊重很可能就会造成这种扼杀的后果。我们将某种形式的文化和生活方式本身是不是好的（我相信答案是肯定的）这样深层次的问题搁置不论。但可以肯定的是：若其他条件相同，个体或社团依恋他们的特殊文化，并且参与其共同的公共和市民生活，这无疑是好事。以此方式，政治社会也得以展现和实现其自身。

　　这并非无关紧要的事情。它主张要给人民自决的理念以及一个万民社会松散的或联盟性的形式留下充足的余地。请回想一下，[62] 人民（而不是国家）具有一种确定的道德品质（§2.1）。这种品质包括一种恰当的自尊心和自豪感；人民可能对他们的历史和成就感到一种恰当的自豪，这是我所说的一种"恰当的爱国主义"所允许的。他们所要求的恰当尊重，是与所有人民的平等相一致的恰当尊重。驱动人民去行动的那些利益（正是这些利益使得人民有别于国家）与一种公平平等以及对其他人民的恰当尊重是相契合的。自由人民必须尝试去鼓励正派人民，并且不压迫性地坚持要求所有社会都要转变为自由主义的，否则就会降低它们的活力。还有，如果一种自由主义的立宪民主事实上的确优于其他形式的社会（我相信确实如此），那么自由人民也应该相信并假定，一旦自由人民给正派的人民恰当的尊重，正派的社会总会逐渐认识到自由制度的优点，并自主地采取行动使自己的制度变得更加自由。

在前面三个段落中，我已经尝试去表明：所有的正派人民维持他们的自尊以及获得其他自由或正派人民的尊重的巨大重要性。当然，由诸自由和正派人民所组成的那个社会，依据自由主义的原则来判断，它并非一个完全正义的社会。有些人会认为，允许这样的不正义并且不坚持所有社会都要奉行自由主义的原则，这需要强有力的理由的支持。我相信这样的理由是存在的。其中最重要的理由就是维持人民间的彼此尊重。一方轻蔑侮辱，另一方就会痛苦怨恨，而这只会造成伤害。这些关系并非每个人民（自由或正派的）各自的内部基本结构的问题。毋宁说，在万民社会中维持人民间的彼此尊重，构成了该社会的基本结构和政治氛围的一个核心部分。万民法考虑的是这种背景更宽广的基本结构，及其政治氛围在鼓励朝着自由主义方向改革方面的优点，并认为这些要比正派社会中缺乏自由主义的正义这一点更值得我们重视。

§8 扩展至正派的等级制人民

8.1 程序方面的评论。请回想一下，在理想理论中，将自由

[63] 主义政治正当和正义理念扩展至万民法的过程分两个步骤进行。

我们刚刚在 §3–§5 完成了第一步：把万民法仅扩展至诸自由

社会。理想理论的第二步则要困难得多：它要求我们界定第二种

社会——一种正派但非自由主义的社会，它将被接纳为一个从政

治上讲是合乎情理的万民社会的真正成员，并且在此意义上它是

"被宽容的"。我们必须尝试去为一个正派的社会制定一些标准。

我们的目的是要将万民法扩展至这些正派社会，并且表明它们和

诸自由社会一样会接受相同的万民法。这种所有人民共享的万民

法，界定了那种所有自由和正派社会都向往的社会，并且给它们

的外交政策设定了规制性的目标。

在导论中，我写道：在我所考虑的政治和社会世界里，存在

着五种类型的人民内部社会，第一种是**自由人民**，第二种是**正派**

人民。诸正派人民中，有一些人民的社会基本结构被我称为一种"正派的协商等级制"，而这些人民被我称为"正派的等级制人民"。另一些正派人民，我只是将之看作保留备用的一个范畴。因为可能存在其他的一些正派人民，他们的基本结构不符合我所描述的那种协商等级制，但在万民社会里依然配享一种成员身份。我不去尝试描述这些可能的社会（我将自由人民和正派人民一起合称为"诸组织有序的人民"）。另外，还有第三种社会，即**法外国家**，以及第四类**因不利状况而负担沉重的社会**。最后是第五类**开明专制**。它们尊重人权，但因为其社会成员参与政治决定的这个有意义的角色被否定了，因此它们就并不是组织有序的社会。

在这一部分，我先陈述任何正派等级制政体都必须满足的两个标准。一种自由民主政体也满足这些标准，但随着论证的推进我们将会看得很清楚，这些标准并不要求一个社会必须是自由主义的。接下来，我们要确认：首先，在一个带有无知之幕的、（在第二层次上）恰当地设立的原初状态中，代表这些正派的等级制人民的原初各派要得到公平的安置，并且它们是理性的、受恰当的理由驱动的。其次，原初状态在这里是作为一个代表模型而发挥作用的，只是在此情形中，它的目的是为正派等级制人民制定一个万民法。最后，鉴于这些人民拥有由上述两个标准来界定的根本利益，代表这些正派的等级制人们的原初各派将会选择的万 [64] 民法，与代表自由社会的原初各派所选择的那个万民法是相同的。（如前所述，我将不会讨论另一可能类型的正派人民。）

在§9.3中，我构想了一个非自由的伊斯兰人民的例子，我将之称为"卡赞尼斯坦":卡赞尼斯坦尊崇人权;它的基本结构包含着一种正派的协商等级制度,因此这样的社会在做政治决定时,会让其成员发挥一种实质性的政治作用。

8.2 正派等级制社会的两个标准。这些社会可能采纳多种多样的制度形式,无论是宗教的还是世俗的。但是,所有这些社会在其形式上都是我所称的**社团主义**(associationist):这些社会的成员在公共生活中被看作不同群体的成员。在一个正派的协商等级制中,每个群体在法律体系中都通过一个小团体而获得代表。下面将要讨论的两个标准,界定了一个正派的等级制社会成为一个合乎情理的万民社会的资质良好的成员的条件。(许多宗教性的和哲学性的学说及其关于正义的不同理念,也可能会引导政治制度符合这些条件;但是,因为这些正义的理念是一种整全性的宗教或哲学学说的一部分,所以这些学说所界定的正义理念,不是我所意指的那种正义的政治观念。)

1. 第一个条件是:该社会并不能有侵略性的目的,并且它认可必须经由外交、贸易和其他和平方式来达成其合法目的。尽管它的宗教学说或其他根本性学说被视为整全性的,并影响着政府的结构和社会政策,但该社会尊重其他社会的政治和社会秩序。如果它想寻求更广泛的影响,它所使用的方法必须与其他社会的独立性(包括宗教和公民自由权的独立不受干预)相协调。这种社会的整全性学说特征构成了该社会和平行为的制度基础，从而使之与十六七世纪宗教战争期间的主要的欧洲国家区别开来。

2. 第二个条件由三部分构成。 [65]

（a）第一部分是：一个正派的等级制人民社会的法律体系，要与该人民共同利益的正义理念（common good idea of justice）（参见§9）相一致，确保社会所有成员享受现在被称为基本人权的那些权利。一个违反这些权利的社会体系无法制定一种正派的政治和社会合作体系。一个奴隶社会缺乏一个正派的法律体系，因为它的奴隶经济是由武力相加的命令体系驱动的，它缺乏社会合作的观念。（在下面的§9，我将更加详细地讨论共同利益的正义理念与一种正派的协商等级制的联系。）

在这些人权中，包括生存权（如获得生存的手段和安全的权利）[1]，自由权（免于成为奴隶、农奴和免于强制劳动的自由权利，以及一种程度上足够的良心自由权，以确保信仰和思想自由）[2]，财产（个人财产）权，以及由自然正义规则所表达的形式平等（比如说，相似的情况应相似地处理）[3]。人权，如果这样理解的话，也就不能将之说成自由主义或西方传统所独有的而将之拒绝。从政治上讲，它们并不是一种狭隘的、地方性的权利[4]。这些问题在§10还将会继续讨论。

（b）第二部分是：一个正派人民的法律体系，必

[66] 　　须是这样一个可将真正的道德责任和义务（这有别于人权）施加到其管辖范围内的每一个人身上的法律体系[5]。因为这些正派人民中的个体成员被看作正派和理性的，是负责任的和有能力在社会生活中发挥作用的人，他们认为这些责任和义务是符合他们的共同利益的正义理念的，而不仅仅是一种由强力施加给他们的命令。他们具备道德学习的能力，并且知道他们的社会所理解的正当与不正当之间的区别。与一种奴隶经济不同，他们的法律体系界定了一个正派的政治和社会合作的体系。

　　由第二个标准蕴含着的一个正派等级社会的人的观念（conception of the person），并不要求接受那个自由主义的理念——将人首先看作公民，并且作为平等的公民具有平等的基本权利。它只是将人看作负责任的，并且是他们各自群体的合作成员。因此，人们可以认可、理解和履行他们作为这些群体成员的道德责任和义务。

　　（c）第三部分是：法官和其他管理法律秩序的官员必须具有如下真诚的和并非不合乎情理的信念，即法律的确是由共同利益的正义观所引导的。法律如果仅仅依赖强力来支持，那么这正是它遭到违反和抵抗的根源。共同利益的正义理念，将人权赋予该人民的所有成员；

[67] 如果这些权利被系统性地侵犯，而法官和其他官员却依然认为共同利益的正义理念得到了遵循，那么如果不能

说他们的这种信念是非理性的，也是不合乎情理的。法官和官员的这种真诚和合理的信仰，必须通过他们公开捍卫社会禁令的正当性的真诚意愿来体现。这些禁令在法律上是有辩护的，法院是这种辩护的论坛[6]。

8.3 这两个标准的基础。正如政治自由主义中的合情理性理念一样，我们也无法对正派性的理念下一个确切的定义，以便使得上述两个标准可以据此定义推导出来（参见 §12.2）。作为替代，我们说这两个标准从其一般表述来看似乎是可接受的[7]。我认为，正派性是一个规范的理念，这一点和合情理性是一样的，只不过它比合情理性的意义要弱一点罢了（即它所涵盖的东西比合情理性要少）。正派性的含义是什么，是通过我们如何使用它来确定的。因此，一个正派的人民必须要尊崇和平的法则；其法律体系必须是一个尊重人权的、能把政治责任和义务施加到其辖域内的每个人身上的法律体系。其法律体系必须尊重一种共同利益的正义理念，该理念将社会中每个人的根本利益纳入考虑范围。还有最后一点，法官和其他管理法律秩序的官员必须具有如下真诚的和并非不合乎情理的信念：法律的确是由共同利益的正义观念来引导的。

对正派性的说明，和对合情理性的说明一样，是通过确定各种各样的标准以及解释它们的含义来进行的。读者需要去判断一个由上述两个标准所界定的正派人民是否可以被宽容和被看作万民社会中资质良好的成员。我的推测是，一个自由社会中最合乎情理的公民，将会认为符合这两个标准的人民是资质良好的人民。当然，并不是所有合乎情理的人都会这样觉得，但是大部分会。

我们所讨论过的两种正义理念处于不同的两端。自由主义的观念是我们从我们自己的社会中出发时所依赖的观念，并且我们经过恰当反思后认为它是合理的。那个等级制人民的正派的共同利益理念，是一个最低的理念。一个社会如果满足了此理念，这就表明它的制度是配得到其他社会的宽容的。可能有许多的制度形式都会满足此正派的等级制理念，但我将不会尝试去考察它们。我们的目的一直是概括一种正义理念，尽管它与自由主义的观念有一定距离，但它仍然具有一些特征，使得按照这些特征来规制的社会具有一种正派的道德地位；而这种道德地位正是一个社会成为合乎情理的万民社会中的资质良好的成员所必须具备的。

我目前所描述的人权的特征有两种解释。一种解释是将之看作属于一个合理程度上正义的自由主义的正义的政治观念的，并且作为立宪自由民主政体里所有自由和平等公民都能享有的各种权利和自由权项的一个恰当的子类。另一种解释是将它们看作属于（我所说的）一种社团主义的社会形式，这种社会形式将人首先看作群体——社团的、合作体的以及社会各阶层的——的成员。作为这样的成员，人们拥有各种权利和自由权项，使得他们可以去履行他们的责任和义务，参与一种正派的社会合作体系。但如果这些权利被经常性地侵犯，我们所得到的就只是一种由强力发布命令的奴隶制，而不是任何形式的合作。

这种人权不依赖于任何特殊的整全性的宗教学说或关于人性

[68]

的哲学学说。例如，万民法并没有说人是道德的人，并且在上帝眼中具有相同的价值；或者他们具有某些道德和理智能力使他们有资格享受这些权利。如果以这些方式去论证人权，就会涉及一些宗教学说和哲学学说；而这些学说可能被许多正派的等级制人民拒绝，因为他们觉得它们是属于自由主义的或民主的，或者以某种方式凸显了西方政治传统而对其他的文化怀有偏见。不过，万民法并不会否认这些学说。

很重要的是要看到，在一种对人权加以保障的万民法上达成的共识，不是仅仅局限于诸自由社会的一个共识。我现在就表明这一点。

8.4 为正派的等级制人民设立的原初状态。 正派的等级制人民是根据他们自己的、满足上述两个标准的正义理念有序地组织起来的。这样一来，我认为他们的代表，在一个恰当设立的原初状态中会选择上述的万民法八原则（§4.1），这与我论证自由社会的代表会选择的万民法八原则是相同的。对该主张的论证如下：正派的等级制人民不会参与侵略战争，因此他们的代表尊重其他人民的内部秩序和完整性，并且会将原初状态中各代表所处的对称性（平等）位置看作公平的。接下来，根据正派等级社会的共同利益的正义理念，他们的代表努力去保护人权、保障他们所代表的人民的利益以及确保这些人民的安全和独立。正派人民的代表关心贸易利益，并且接受人民间（在需要时）相互援助的理念。因此，我们可以说等级社会的代表是正派的和理性的。根据此推

[69]

理，我们还可以说正派等级制社会的成员会接受——正如你和我接受 [8]——原初状态是在人民间保持公平的，并且也会同意将他们的代表所选择的万民法视作自己与其他人民间进行政治合作的公平条款。

如我在讨论为什么需要一种宽容的理念时所指出的那样（§7.2-§7.3），有些人可能会提出反对意见，认为如果某些人民在其内部没有实现平等的话，那么平等地对待他们的代表就是矛盾的、不公平的。这种反对意见可能会说，平等只在个体间成立，我们是否要平等地对待某个社会，取决于该社会是否能平等地对待其成员。我不同意这种说法。相反，平等适用于合乎情理的或正派的并且理性的个体或各种各样的集合体间，只要它们间的平等关系对当前的情况而言是恰当的。例如在某些问题上，我们可能会平等地对待不同教会——例如天主教和公理会，并且在政策问题上也将平等地咨询它们的意见。这看起来是一个合理的实践，即使天主教是按照等级制组织起来的，而公理会并非如此。另一个例子是大学可能会按照多种方式来组织自己。有些大学可能会通过一种包含所有获得承认的团体在内的协商等级制去选择它们的校长，而其他学校的校长则是通过学校的所有成员的投票选举出来的，包括本科生都有投票权。在某些情形下，成员们是一人一票；而其他安排可能会根据成员的地位允许相对多数投票权。但大学内部如何安排的事实，并不排除在某些情形下可恰当地将它们看作平等的。更多的例子可以轻而易举地想出来 [9]。

很显然，我已经假定人民的代表在原初状态中会得到公平的

[70]

安置，尽管他们所代表的正派非民主社会，其正义理念允许在他们的成员间存在一些基本的不平等。（例如，有些成员不会被赋予上述注释 2 指出的"平等的良心自由权"。）但是，这里并没有什么矛盾之处：一个认同非自由主义的正义理念的人民，仍然可合乎情理地认为在一个正义的万民法中，它的社会应该得到平等的对待。尽管一种完全的平等在其社会内部是缺失的，但在它对其他社会提出主张时，仍可合乎情理地要求享有一种平等的地位。

要注意到，在一个正派的等级社会的情形中，不存在一个推导出其基本结构形式的原初状态的论证。正如原初状态论证在社会契约的观念中被使用的那样，为处理自由人民内部社会的正义问题而设立的原初状态的论证，乃是一个自由主义的理念，它不能应用到一个正派等级政体的内部正义问题上。这也就是为什么万民法只使用三次原初状态的论证：两次用于自由社会（一次在自由人民内部社会，一次在万民法），但在第二层次上仅用于正派等级社会一次。只有平等的各方，才能被对称性地置于原初状态之内。在万民法这个层次上，平等的人民或他们的代表，就是平等的各方。在其他层次上，当自由人民和正派人民一起加入如欧盟或苏联的共和国联盟这样的地区性社团或某种类型的联盟时，将自由人民和正派人民设想为处于同一个原初状态之下就是合理的。我们可以很自然地展望未来的社会世界会由这样的联盟以及某些如联合国这样的机构来组成，它们有能力为世界上的所有社会发言。

§9 正派的协商等级制

[71] **9.1 协商等级制和共同的目标。**上述第二个标准的前两部分要求一个正派的等级制社会的法律体系，要由我所谓的一种共同利益的正义理念来引导 [10]。但此理念的含义尚不清楚。我尝试通过如下两个步骤来进一步阐明它：第一，我将把此理念与一人民的共同目标（如果其有这样一个目标的话）区分开来；第二，我坚持认为一个正派性的等级制人民的法律体系必须包含一个正派的协商等级制。也就是说，该社会的基本结构必须包含诸多代表团体，它们在该等级制中的作用就是参与一个既已确立的协商程序，并且守护那些被该人民的共同利益的正义理念视为该人民的所有成员的重要利益的东西。

共同的目标或目的（如果它们有这样一个目标或目的的话），是作为一个整体的社会努力地去为自身或其成员追求的那些东西。该共同的目标或目的影响着人们会得到什么东西以及他们的福祉如何。在该共同利益的正义理念中，这种共同的目标是受到鼓励的，但却不追求其自身的最大化，而是与尊重协商过程中各步骤所施加的限制相一致的最大化，这些步骤为保护人民的成员的权利和义务提供了制度基础。[许多社会并不具有一个共同的目的，而是具有我称为"特殊优先的目标"（§9.3）。在此情形中，对这种优先目标的追求，也必须与协商程序所设定的限制相一致。]

尽管在一个正派的等级制社会里，所有的人都不被视为自由和平等的公民，也不被视为值得平等代表的独立个体（这里的平等代表权是根据"一个公民，一张选票"这个准则而言的），但他们被视为正派的、理性的、有能力进行为他们社会所认可的道德学习的。作为负责任的社会成员，他们能够认识到他们的道德责任和义务何时与该人民的共同利益的正义理念是一致的。每个人属于一个群体，该群体在该协商等级制中由一个小团体来代表，且每一个人都参与各种独特活动，并在总体合作体系中发挥一定的作用。 [72]

在做政治决定时，一个协商等级制给持不同意见者一个机会来表达他们的异议——诚然，这并不允许采用民主制度下的那种表达方式，而是采取一些依该社会宗教的、哲学的价值（这些价值从其共同利益的理念中表达出来）看来恰当的方式。人们作为团体、合作体和社会各阶层的成员，有权在某些时候（通常是在挑选一个群体的代表时）通过协商程序来表达自己的政治上的不满，并且政府有义务严肃对待一个群体的不满并且给出一个严肃真诚的答复。不同的意见能够表达出来让政府听到，这非常必要和重要，因为法官和其他政府官员关于法律体系正义性的真诚信念必须包含尊重异议的可能性[11]。法官和其他政府官员必须要乐于面对反对意见，他们不能因为自认为那些提出反对意见的人能力不足、不可理喻便拒绝听取这些意见。若真是如此，我们得到的就不是协商等级制，而纯粹是一个家长主义的政体[12]。还有，即使法官和其他政府官员倾听了异议者的意见，也不要求异议者必须接受他们给出的答复；异议者可以重新抗议，只要这些人解释了他们仍然不满意的原因，那么他们的解释也应得到进一步更充分的答复。异议者表现了公共抗议的一种形式，而只要这种抗议仍处于共同利益的正义理念的基本框架之内，那么它就是可允许的。

9.2 三点观察。为了充分澄清一种正派的协商等级制的理念，还有许多要点需要考察。在这里，我指出三点。

第一点关涉在一个协商等级制里，为什么被代表的是各群体，而在自由体制里，被代表的是分离的公民个体？对此的一个回答是，一个正派的等级制社会可能持有类似于黑格尔的观点，即认[73]为：在组织有序的正派社会中，人们首先属于各阶层、合作体和团体，也就是说，首先属于群体。由于有这些团体代表其成员的理性利益，一些人会参与到协商过程当中并公开代表这些利益，但他们如此行动，乃是作为各阶层、合作体和团体的成员，而不是作为个体。对这种安排的辩护如下：依照上述那种观点的看法，在自由社会里，每个公民都有自己的一票，公民的兴趣日渐狭隘并集中于其私人经济方面，这不利于共同体的团结；而在协商等级制中，当他们的团体这样被代表时，各种团体中有投票权的成员可对政治生活较广泛的利益加以考虑。当然，正派的协商等级制社会从没有一人一票的观念，这属于与其格格不入的自由民主思想传统，且其可能（和黑格尔一样）认为这样的理念错误地表达了一种个人主义理念：认为每一个人作为原子单位，都有着平等参与政治慎议的基本权利[13]。

　　第二点是一个正派人民的宗教宽容的观点的性质需要明确阐 　[74]
述。尽管在正派等级制社会里，在某些问题上，某一种国教可能会在该社会内拥有最高的权威，并且在某些重要的议题上控制着政府的政策；但是这种权威并不（如我已经强调过的那样）从政治上扩展至它与其他社会的关系上。进一步来说，一个正派等级制社会的（整全性的）宗教或哲学学说必须不能是完全不合乎情理的。我这样说的意思是，除其他东西外，这些学说还必须承认一种足够程度的良心自由以及信仰和思想自由，即使这些自由在该正派社会里并不像在自由社会里那样，对所有社会成员都是足够广泛及平等的。尽管国教可能拥有各种各样的特权，对于一个社会成为正派社会来说至关重要的条件是：该社会不能迫害任何宗教，不能被剥夺那些对这些宗教和平地、免于恐惧地实践其教义而言是必需的公民权以及社会条件[14]；同样重要的是，即便没有其他原因，但由于宗教自由的不平等性，一个等级社会必须允许并且为移民权利的实施提供便利[15]。

　　这里可能会产生一个问题：为什么那些否定完全的、平等的良心自由的宗教或哲学学说不是不合乎情理的呢？我并没有说它们是合乎情理的，而是说它们并非完全不合乎情理的；我想，人们应该允许在完全不合乎情理和完全合乎情理之间留有空间。后者要求完全的和平等的良心自由，而前者完全否定良心自由。那些传统的学说允许一定程度的良心自由但又不完全允许，我想这就是落入上述那个空间的观点，并且并非完全不合乎情理的。

[75]

第三点关系到社会成员在一个协商等级制中的代表性问题：女性可能长期以来就受到压迫和侵犯，这等于侵犯了她们的人权。确保她们的主张会得到恰当考虑的一个步骤，可能是做这样一种安排：代表（以前）被压迫者的机构的大多数成员，应该从那些权利遭受侵犯的人中产生。如我们已经了解到的那样，一个正派等级社会需要满足的条件，是其法律体系和社会秩序不能侵犯人权。协商程序必须被安排得足以阻止所有这样的侵害[16]。

9.3 卡赞尼斯坦：一个正派的等级制人民。 万民法并不预设正派等级制人民的实际存在，一如它不预设合理程度上正义的立宪民主人民的存在一样。如果我们将标准设得非常高，两者都不会存在。在民主的人民的情形中，我们最多可以说一些社会比其他社会更加接近一个合理程度上正义的立宪政体。在正派等级制人民的情形中，那就更加不明显了。我们能融贯地描述其基本社会制度和政治德性吗？

根据§8-§9的指导，我现在描绘一个假设性的正派等级制人民。此例子的目的是表明：一个正派的政府，假定其领导集团不让自己走向腐败（支持富人或迷恋玩弄权术本身），那么它就是有生命力的。想象一个理想化的伊斯兰人民"卡赞尼斯坦"。卡赞尼斯坦的法律体系并没有规定要政教分离。伊斯兰教是受到优待的宗教，并且只有穆斯林才可以在政治权力中占据高层的位置，同时影响政府的主要决定和政策，包括外交政策。不过，其他宗 [76] 教都会被宽容，并且可以在免于恐惧或保持大多数公民权（除了占据高层位置或司法职位的权利）的情况下去实践其教义。（这种排斥使得卡赞尼斯坦与一个自由民主政体有根本性的区别，在自由政体里，所有的职位和地位在原则上都是对每一个公民开放的。）其他宗教和社团被鼓励去拥有一种属于它们自己的繁盛的文化生活，并且参与到比自己的宗教生活更为广泛的社会的公民文化中去[17]。

　　如我对它的设想那样，此正派人民的特征是它开明地对待其他非伊斯兰教以及其他世代居住在其领土之内的少数派，他们可能是很久以前被征服的群体的后裔或是得到该人民同意而移居于此的。这些少数派一直是该社会忠诚的成员，并且他们没有受到任意歧视或在政治和社会关系中被视为低人一等的。为了巩固他们对社会的忠诚，该政府可能允许非穆斯林加入武装力量并且担任高层指挥官。卡赞尼斯坦的统治者并不寻求建立帝国和霸占更多领土。这部分地是由于它的神学家是根据精神和道德意义来解释争斗，而不是根据军事意义去做解释[18]。该穆斯林统治者一直持有这样的观点：该社会的所有成员都自然地向往成为他们出生的国家的忠实成员；除非他们受到不平等对待和歧视、排斥，否则他们就会保持这种忠诚。追随此理念被证明是非常成功的。卡赞尼斯坦的穆斯林及其少数派，在危急时刻也会保持对该政府的忠诚和支持。

[77]

　　我想还可以设想卡赞尼斯坦是以一种正派的协商等级制组织起来的，这种等级制不时会做出变革，以便对自己人民的需要、对在协商等级制中由法定团体来代表的各种不同群体保持回应。此等级制非常接近满足如下六条指导方针。第一，必须要和所有的群体进行咨询协商。第二，人民内部的每一名成员都必须属于一个群体。第三，每一个群体都应由一个小团体来代表，这个小团体的成员应包括该群体自己的成员，他们了解并分享该群体的根本利益。这前三个条件确保了所有群体的根本利益都得到了咨询并纳入考虑范围[19]。第四，做最后决定的那个小团体——卡赞尼斯坦的统治者——必须衡量受到咨询的各个团体的观点和主张，并且一旦有人要求，那么法官和其他官员就必须对统治者的决定进行解释和辩护。根据此程序的精神，与每个团体的协商可能会影响政策结果。第五，统治者应该根据卡赞尼斯坦的特殊优先目标的观念来做政治决定。这些优先目标中，包括造就一个正派的、理性的、尊重其内部的宗教少数派的伊斯兰人民。在这里，我们可能会预见非穆斯林的少数派的发展被列为优先目标的可能性比穆斯林小，但我们可以合乎情理地推测：我相信，穆斯林和非穆斯林的少数派都会理解这些优先目标并且将它们看作意义重大的。第六，这些特殊优先目标必须能够整合进一个整体的合作体系中，并且用于规范一个群体的参与合作的行为的公平合作条款必须明确地被界定[20]。这个观念并非精确的，但它可作为在实际情况中和确定的期望的背景下做决定的一种指导方针。

最后，我设想卡赞尼斯坦的基本结构包含一些议会组织，协商等级制中的各团体能够在议会上碰头。代表们在这里可以提出他们对政府政策的不满，并且政府成员也可以在此做回应，且这种回应是政府必须做的。在这里，异议要在如下意义上得到尊重：政府的回应应该要解释清楚，它是如何既根据共同利益的正义理念合乎情理地解释其政策，又将责任和义务施加到该社会的所有成员身上。我进一步设想一个例子去表明：当异议得到允许和倾听时，它是如何促进变革的。在卡赞尼斯坦，法院也赞同现存的规范不能与社会的共同利益的正义理念相抵触；在这种情况下，异议会导致在权利方面以及女性作用方面的重大变革。

我并不认为卡赞尼斯坦实现了完美的正义，但对于我来说，这样的社会是正派的。进一步来说，即使它只是设想出来的，我认为像卡赞尼斯坦这样的社会的可能存在并没有什么不合理之处，尤其在真实世界中并不是没有先例的（如前面注释 18 所提到的）。读者可能会指责我，说这是无根之乌托邦，但我不同意。相反，对我来说，像卡赞尼斯坦这样的社会，是我们能现实地以及融贯地期望的最好的社会。这样的社会，在其对待宗教的少数派方面是一个开明的社会。我想，关于自由主义的局限性的启示，引导我们尝试去构想一种合理程度上正义的万民法，它是自由人民和非自由人民都能赞同的。另一种替代选择是宿命论的犬儒主义，它只根据权力来构想生活中的善好。

[78]

§10 人权

10.1 **万民法充分地是自由主义的**。有人可能反对说，万民法并不充分地是自由主义的。这种反对可能会有两种形式。第一种，人们可能认为人权应该与公民在一个合乎情理的立宪民主政体中拥有的那些权利大体上是相同的；此种观点简单地扩展了人权的范畴，以便将自由政府所保障的全部权利纳入人权的范畴。与此形成对照的是，万民法中的人权表达的是至关紧要的权利（urgent rights）中的一个特殊类别：如免于沦为奴隶或农奴的自由，良心自由（但不是平等的良心自由），少数族群免于屠杀和种族灭绝的安全保障。对这类权利的侵犯，会受到合乎情理的自由人民和正派的等级制人民的共同谴责。

[79]

第二种反对意见认为，即使只考虑这些由万民法界定的人权，也只有自由民主政府才能够有效地保护它们。根据持有此观点的人的看法，这是由世界上许多不同国家的历史所确证的一个事实。

给定这些历史的事实，再加上政治和社会思想的推理的支持，能够表明等级政体总是或几乎总是压制或否定人权，那么只有自由民主能有效保护人权这个论点就成立了[21]。但是，万民法假定，正派等级制人民存在或可以存在，并考虑为什么他们应该被自由人民宽容和看作资质良好的人民。

10.2 人权在万民法中的角色。 人权，是在合乎情理的万民法中扮演一种特别角色的那一类权利。它们限制了为战争和战争行为做辩护的理由，并且它们界定了一个政体的对内的自主权的限度。以此方式，它们反映了自二战以来在如何构想主权权力方面发生的两个基本的、历史性的深刻变化：第一，战争不再被允许作为推行国家政策的手段，并且它只有在自卫时或阻止在其他国家严重侵犯人权时才是正当的。第二，一个国家对内的自主权现在也受到限制。

人权有别于宪法权利、自由民主公民的权利[22]，或其他各种属于某类型政治制度的（个人主义的或社团主义的）权利。人权 [80] 为判断一社会内部的制度的正派性提供了一个必要的（尽管不是充分的）标准。这样，人权设定了一种边界，如果一个社会要想成为一个合理程度上正义的万民社会里的资质良好的成员，那么它的内部制度必须不能越出此边界[23]。因此，此特殊类别的人权具有这样三种角色：

（1）它们是一个政体的正当性、法律秩序的正派性的必要条件（§8-§9）。

（2）如果一人民满足了尊重人权的要求，就足以排除其他人民可对它进行有辩护的和强力的干涉，如外交、经济制裁，或更严重的军事干涉。

（3）人权为各人民之间的多元性设置了限度[24]。

10.3 法外国家中的人权。自由人民和正派等级制政体都尊重的那个人权清单，应该被理解为如下意义上的普遍权利：它们对万民法而言是本质性的，并且无论是否得到各地政治当局的支持，它们都具有政治（道德）影响力。也就是说，它们的政治（道德）力量扩展到所有社会，并且它们约束所有的人民和社会，包括法外国家[25]。一个侵犯这些权利的法外国家将会受到谴责，并且在严重侵犯人权的情形下，可能会招致制裁甚至是干涉。推行万民法的恰当性，在我们对两种传统的主权权力的反思中（§2.2）就看得很清楚了，并且我稍后会谈到的援助责任将会支持干涉的权利。

人们可能会问，当法外国家侵犯人权之时，根据什么权利，组织有序的自由人民和正派人民对法外国家进行的干涉就是有辩护的呢？整全性学说，无论是宗教的还是非宗教的，可能会将人权建基于一种关于人本性的神学的、哲学的或道德的观念之上。但万民法并不追随这一路径。我称之为人权的东西，如我已经强调过的那样，是一个自由立宪民主政体的公民所拥有权利的一个子类，或者说是一个正派等级制社会的成员所拥有权利的一个子类。因为我们已经为自由和正派人民制定出了万民法，那么这些人民将不会宽容法外国家。拒绝宽容这些国家，是自由主义和正派性的一个结果。如果政治自由主义的政治观念是合理的，并且如果我们发展出万民法的那些步骤也是合理的，那么在万民法之下，自由和正派人民就拥有不宽容法外国家的权利。自由和正派人民持有这种态度，理由极其充分。法外国家具有侵略性和危险性。如果法外国家转变或被迫转变它们的行事方式，那么所有人民都将会更加安全。否则，它们将对权力和暴力的国际环境产生深刻的影响。我将在第 III 部分的非理想理论再回过头来讨论这些问题[26]。

§11 对万民法的程序的评论

[82] **11.1 世界主义正义的位置。** 在完成了理想理论的两个部分的论述后，我要稍做停顿，来评论一下使用一种自由主义的社会契约的正义的政治观念去发展出万民法这种方式。

有些人可能会认为，任何自由主义的万民法，尤其是任何通过社会契约得到的万民法，应该首先从处理自由主义的世界主义正义或全球性正义（cosmopolitan or global justice）的问题出发。他们论证说，根据此观点，所有人都被看作合乎情理的和理性的，并且拥有我所说的"两种道德能力"——正义感能力和善观念能力——无论在康德和密尔的整全性的自由主义还是在政治自由主义中，这两种能力都是政治平等的基础。从这个起点出发，他们继续去设想一种全球性的原初状态（a global original position），这种原初状态带有无知之幕，所有各派都被对称性地置于其内。遵循那种适合于自由人民内部社会情形的原初状态的熟悉推

理 [27]，各派就将会采纳一个确保每个人都享有平等的基本权利和自由权项的首要原则。以此方式，我们就可以直接地将人权建立在一种政治性的（道德的）自由主义的世界主义正义观念之上 [28]。

但是，以此方式来进行的话，会将我们带回到 §7.2 提到的问题中去（在那里我讨论并拒绝了那种认为对非自由社会进行某些制裁总是恰当的论证），因为这等于是说所有人将拥有一个立宪民主社会公民所拥有的平等的自由权利。根据这种解释，一个自由人民的对外政策——它是我们希望去阐明的——将是逐步采取措施来塑造所有尚未是自由社会的社会，使它们朝着自由主义的方向转变，直至最终使得（在理想状况下）所有社会都变成自由主义的社会。但这种外交政策只是简单地假定只有自由民主社会才是可以接受的。在没有得出一个合乎情理的万民法之前，我们[83]怎么知道非自由主义的人民是不应该被宽容的？一个全球性原初状态存在的可能性并没有表明这一点，并且我们也不能简单地假设这一点。

万民法从我们所观察到的国际政治世界开始，并且考虑了一个合理程度上正义的自由人民的外交政策应该是什么样的。为了阐明此对外政策，万民法讨论了两种类型的组织有序的人民，即自由民主人民和正派等级制人民。万民法还讨论了法外国家和因不利状况而遭遇困难的国家。我承认我的说明包含着许多极大的简化。但无论如何，它让我们可以用一种合理程度上现实的方式，去考量一个自由民主人民的外交政策的目的应该是什么。

11.2 关于正派社会的澄清。重复一下，我并没有说一个正派的等级制社会如同一个自由社会那样合乎情理及正义。因为依据一个自由民主社会的原则来判断，一个正派的等级制社会显然没有平等地对待其成员。但是，一个正派的社会的确具有一种共同利益的正义观念（§8.2），并且此观念在其正派的协商等级制（§9.1）中得到尊重。还有，它尊崇一个合乎情理的和正义的万民法，这和自由人民尊崇的那个万民法是相同的。此万民法用于指导各人民怎样将彼此当作**人民**来对待。很重要的是要认识到：人民间如何相互对待，与各人民如何对待他们内部社会的成员，这是两回事。一个正派的等级制社会，由于其缺乏自由主义的公民身份的理念，它并没有将自己的社会成员当作自由平等公民，并如自由社会那样合乎情理地和正义地对待他们；但尽管如此，它还是尊崇一个合乎情理的和正义的万民法。

一个正派的等级制社会满足了一些道德和法律的要求，这就足以压倒那些提议我们可以对它施加制裁甚至是强制性地干涉其人民、制度和文化的政治理由。很重要的是要强调：不强加制裁的理由，并不能归结为仅仅是为了防止在与外国人民交涉时可能发生的错误和误判。当然，必须考虑提出制裁的人的错误、误判以及傲慢的危险；但是正派等级制社会的确具有某些值得我们尊重的制度性的特征，即便从政治自由主义或一般性的自由主义的观点看，它们的制度作为一个整体还不是充分地合乎情理的。自由社会也可能会以多种方式表现出不同，例如，有些自由社会比其他自由社会更加平等 [29]。但是这些差异在由自由人民组成的那

[84]

个社会中是可被宽容的。那么某种等级社会的制度不能得到同样的宽容吗？我相信答案是肯定的。

因此，我将如下这点看作确定的：如果正派等级制社会符合§8-§9界定的那些条件的话，那么自由人民经过恰当反思后，会将此社会看作一个合乎情理的万民社会的真正成员。这就是我所说的宽容意味着的东西。基于政治自由主义或（宗教的或非宗教的）整全性学说的各种批判性反对意见，还会持续关注这个或所有其他的问题。提出这些异议是自由人民的权利，并且与正派等级制社会的自由权和完整性是充分一致的。在政治自由主义中，我们必须区分两种对别的社会进行干涉的理据：建立在万民法的公共理性基础上的干涉的政治理据，与建立在公民的整全性学说之上的道德和宗教理据。我估计，如果要在多元社会中维持一种稳定的和平，那么前一种理据必须胜出。

11.3 提供激励的问题。 但是，一个真正的问题还是会出现。我们应该为一个正派的非自由社会提供某些激励，促使其发展得更接近自由民主立宪政体吗？这个问题带来诸多困难，我在这里只提供一些方向性的意见。首先，很明显，合乎情理的和正派人民的组织，如联合国（理想情况下）不应该为作为其成员的人民提供激励，使他们变得更加自由，否则将导致其成员之间的严重冲突。但是，这些正派的非自由人民可能会自愿要求如国际货币基金组织（IMF）之类的机构为这一目的提供资金，该机构应将此类资金与其他贷款同等对待。如果这样的一种借贷被赋予一种 *[85]*

特殊的优先性，那么自由人民和正派人民间的冲突可能又会被挑起 [30]。

　　我还认为，一个自由人民把向其他人民提供补贴以激励他们变得更加自由作为自己外交政策的一部分是不合情理的，尽管民间人士可以为此目的筹集私人资金。更重要的是，一个自由民主政府要考虑其对那些因为不利状况而负担沉重的社会负有什么责任。我稍后还将会论证（§16），接受恰当条件约束的自决，对于一人民来说是一种重要的善；自由人民的外交政策应该认可这种善，而不应该表现出一种高压强迫的态度。正派的社会应该拥有决定自己未来的机会。

§12 总结性观察

12.1 在应用上是普遍的万民法。 现在，我们就可以总结一下万民法理想理论的第二部分，也就是将万民法扩展到正派的等级制人民（§8-§9）。我已经论证指出：合理程度上正义的自由和正派等级制人民都会接受这个相同的万民法。出于此理由，人民间关于彼此关系的政治讨论应该根据该万民法的内容和原则来表达。

在自由人民内部社会的情形中，在形成正义原则时，原初各派可被描述为从古典（或平均）效用主义、理性直觉主义家族原则或某种形式的道德完善论中挑选正义原则。但是，政治自由主义并没有确定一种对道德和政治生活的所有部分都是有效的、具有普遍性的首要原则。也就是说，适用于一个自由民主社会的基本结构的那个正义原则，并不是一个充分普遍的原则。它们不应用到所有的主题上，不应用到教会或大学，甚至也不应用到所有

[86] 社会的基本结构上。同样，它们也不适用于万民法，后者是完全自主的。万民法八原则（§4）应用于被视为自由和平等的组织有序的人民；对万民法八原则有不同阐释，在这里，我们可以说原初各派是从对这八原则的不同阐释中做出选择的。

在发展出万民法时，我们从为一个封闭自足的自由民主社会而制定的正义的政治原则开始出发[31]，然后将原初各派置于第二个、设置恰当的原初状态中；在那里，各派作为平等人民的代表，为组织有序的人民所组成的社会挑选万民法原则。原初状态的灵活性部分地体现在该程序的每一个步骤、体现在这些步骤是如何不断修改以便切合所讨论的主题的。假定万民法是合理地完整的（complete），那么它将会包括适合于所有政治上相关主题的、合乎情理的政治原则：为自由和平等公民以及他们的政府制定的原则，还有为自由和平等人民制定的原则。它还包括指导形成一些服务于人民间合作以及界定各种各样的责任和义务的组织的方针。如果万民法是合理地完整的，那么我们就可以说它在"应用上是普遍的"，意思是它可以扩展至为所有政治上相关的主题制定原则。（万民法规制着那个最广泛的政治主题，也就是万民的政治社会。）因此，从政治上讲，就不存在任何相关的主题是我们缺乏原则和标准去对它做判断的。在第 I 和第 II 部分分两个层次来处理这种次序是否合乎情理，取决于这样做的结果在经过恰当反思[32]后是否会获得认可。

12.2 不存在从实践理性出发的推导。 因为我对万民法的阐

述极大地得益于康德的和平联盟的理念以及他的其他思想，因此
我应指出如下这点：在任何地方，我们都没有从一种背景性的实
践理性的观念中将正当和正义的原则，或正派性和理性的原则推
导出来 [33]。毋宁说，我们是将内容赋予一种实践理性的理念及　　[87]
其三个组成部分［即合情理性（reasonableness）的理念、正派
性（decency）的理念和理性（rationality）的理念］。这三个规范
性理念的标准不是推导出来的，而是在每个情形中列举和设定的。
一般而言的实践理性（practical reason as such）只是关于如何行
动的推理，或关于什么制度和政策是合乎情理的、正派性的或理
性的推理，以及为什么会这样的推理。对这个三个理念中的任何
一个，都没法列出一个必要和充分条件的清单，不同的人可能会
有不同的看法。但是，我们的确推测：如果合情理性、正派性和
理性的内容被恰当地设定了，那么所产生的关于正当和正义的原
则和标准将会彼此关联，并且会得到我们的反思性认可。但没有
什么可以确保这一点。

　　尽管实践理性的理念是与康德联系着的，但政治自由主义与
他的先验观念论（transcendental idealism）截然不同。政治自由
主义界定了合情理性的理念 [34]。"合乎情理的"此术语经常在《正
义论》中出现，但在那里，此术语从没得到界定。在《政治自由
主义》中，通过为每个主体制定相关的标准（也就是为"合乎情
理"所应用到的每个对象制定相关标准）来对此术语进行了界
定 [35]。因此，对合乎情理的公民的描述，是通过规定他们有向其
他平等的公民提出合作的公平条款的意愿，以及认可判断的负担

来完成的 [36]。另外，合乎情理的公民被认为只认同那些合乎情理的整全性学说 [37]。相应地，合乎情理的学说，就是那些认可一个自由民主政体 [38] 的根本要素，并且以一种融贯一致的方式将多种生活价值（无论是宗教或非宗教的）展现在一个合乎逻辑的秩序中的学说。尽管这些学说应该会保持相对稳定，但是从它们的传统的发展来看，它们可能会根据被认为是好的和充分的理由而逐步发生演变 [39]。在一般的政治判断中，可以合乎情理地预见人们会意见纷纭，因此拒绝所有的多数投票规则是不合乎情理的。否[88] 则，自由民主将变得不可能 [40]。政治自由主义无法提供任何方式去确证这种界定本身是合乎情理的。但也不需要任何确证的方式。提出公平合作的条款，从政治上讲，它就是合乎情理的；而拒绝这样做，从政治上讲，它就是不合乎情理的。

　　正派性的理念的含义是以相同的方式给出的。如我已经说过的那样，一个正派的社会是一个不具侵略性的和仅出于自卫才参与战争的社会。它具有一个共同利益的正义理念去确保其每个成员的人权，其基本结构包含着一个正派的协商等级制，这种制度可以保护这样那样的权利，并且确保社会上每一个群体在协商体系中都有一个选举出来的小团体去代表它。最后，法官和其他管理法律秩序的官员必须具有如下真诚的和并非不合乎情理的信念：法律的确是由共同利益的正义观念所引导的。法律如果仅仅依赖强力来支持，那么这正是它遭到违反和抵抗的根源。在奴隶社会里，这是常态，但它与一个正派的社会格格不入。

　　至于理性的原则（the principles of rationality），在《正义

论》中讨论决定一个人生活计划的理性的计算原则（the counting principles of rationality）、慎思理性以及亚里士多德原则时对此都有界定 [41]。计算原则是最简单或最基本的原则。它们主张：在其他条件相同的情况下，选择最有效的手段去达成一个人的目的是理性的。或在其他条件相同的情况下，选择那个更具兼容性的备选方案是理性的，即这种兼容性方案不仅使得我们能够实现通过其他方案可以实现的所有目的，而且可以让我们实现额外的目的。还有，如刚才解释过的那样，这些理性的原则也只是界定和制定出来的，而不是从别的地方推导出来的。

注释：

[1] 参见 Henry Shue, *Basic Rights: Substance, Affluence, and U.S. Foreign Policy*（Princeton: Princeton University Press, 1980）, p. 23。以及 R. J. Vincent, *Human Rights and International Relations*。他们将生存权解释为包含某些最低程度的经济安全，并且两人均认为生存权是基本的。人们必须同意这一点，因为自由权利或任何类型的权利的合理及理性运用、财产的理智使用，总是要求具有某种一般的、通用的经济手段。

[2] 如我在 §9.2 指出的那样，这种良心自由权并非在所有社会都是那样广泛和同等的。例如，一种宗教可以合法地在一个国家的政府中占统治地位，而其他宗教，尽管会被宽容，但却没有权利去取得某些地位。我将这种情形称为允许"良心自由，但并非平等的自由"。

[3] 关于自然正义规则的论述，参见 H. L. A. Hart, *The Concept of Law*（Oxford: Oxford University Press, 1961）, pp. 156ff。

[4] 斯坎伦在其论文 "Human Rights as a Neutral Concern," in *Human Rights*

and U.S. Foreign Policy, ed. P. Brown and D. MacLean（Lexington, Mass.: Lexington Books, 1979）, pp. 83, 89-92 中强调这一点。当我们注意到对人权的支持应该是诸组织有序的社会对外政策中的一部分时，这一点就是相关的。

[5] 我在此处的说法引自菲利普·索珀（Philip Soper）的 *A Theory of Law*（Cambridge, Mass.: Harvard University Press, 1984）, esp. pp. 125-147。索珀认为，一个法律体系，如果它要与一个仅仅强制地执行命令的体系区别开来的话，它就必须（如我前述指出的）能够在其所有社会成员身上强加道德义务和责任。要维持一个法律体系，法官和其他官员必须真诚地并合理地相信法律是由共同利益的正义理念指导的。然而，我并不在所有方面都追随索珀。一个规则体系必须满足他的定义才能被视为一个恰当的法律体系；参见第 4 章，第 91-100 页。但我希望能够避免长期争论的法理学问题，即法律的定义问题，我也不希望争论说，比如战前的南方就没有法律体系。因此，我认为上述标准的第二部分——一个正派人民的法律体系必须能够强加给人真正的道德责任和义务——是源于扩展到人民法则的自由主义正义观念。我感谢萨缪尔·弗里曼与我就这些观点进行了有价值的讨论。

[6] 这里，我采纳了索珀的理念，参见 *A Theory of Law*, pp. 118, 112。

[7] 我将在 §9 讨论一个正派的协商等级制。

[8] 这里的你和我是各个正派等级社会的成员，但并非同一个社会的成员。

[9] 在对这个问题的讨论上，我要感谢托马斯·内格尔（Thomas Nagel）。

[10] 具有自由主义的正义的政治观念的组织有序的社会，在如下意义上也同样具有一种共同利益的观念：为它的所有公民追求一种政治正义，以及保存为这种正义所允许的自由文化。

[11] 参见 Soper, *A Theory of Law*, p. 141。

[12] 在讨论伊斯兰国家的政治制度时经常提到这种协商程序；不过，很明显，协商的目的在于使得伊斯兰教领袖哈里发（Caliph）能得到其臣民的一种

忠诚献身，或有时候使得他能感受到反对者的力量。

[13] 参见 Hegel，*Philosophy of Right*（1821），§308。黑格尔对于自由派国王在 1815—1816 年提出的符腾堡王国宪法（the Constitution of Würtemberg）的主要反对意见集中在该宪法规定的直接选举权的理念上。他的部分反对意见可以在 1817 年的论文 "The Proceedings of the Estates Assembly in the Kingdom of Würtemberg，1815—1816" 中的一个段落里找到："看起来，选举人与市民秩序及国家组织根本就没有什么联系纽带。公民作为孤立的原子出场，选举大会作为无组织无秩序的聚合体出场，人民作为一个整体被分解成一堆堆。这是共同体在着手从事任何事业时绝不应该采取的一种形式，这种形式根本配不上共同体，与共同体作为一种精神秩序的概念极为矛盾。因为年龄和财产只是影响个体本身的一些性质，它并不特别地构成个体在市民秩序中的价值。他具有这样的价值，只是因为其职位、地位的重要性和卓越的技艺；一旦这些长处能被同时代的公民同侪认可，那么他就会被相应地赋予该门技艺的大师称号"（第 262 页）。该段沿着这样的线索得出结论："另一方面，对于一个年龄达二十五岁、占有一份每年带给他二百或更多古尔登不动产收入的人，我们说'他只是无名小卒'。如果说该宪法还是赋予他'一个投票者'的身份，那给予他的也就是一种虚浮的政治权利，同其余公民的生存毫无联系，并且将一个重要的问题引入当前情形中——比起一种有机秩序的原则，他与民主甚至是无政府主义的孤立分离原则更为相似"（第 262-263 页）。虽然黑格尔提出这些反对意见，他依然站在国王的自由宪法一边，反对保守阶层。我所引用的黑格尔的译文参见 *Hegel's Political Writings*，trans. T. M. Knox with an introduction by Z. A. Pelczynski（Oxford：Clarendon Press，1964）。

[14] 关于这一点的重要性，参见 Judith Shklar，*Ordinary Vices*（Cambridge，Mass.：Harvard University Press，1984），她在第 5 页提出她所说的"恐惧的自由主义"（the liberalism of fear）。尤其参见该书导论、第一章和

第六章。她曾称这种自由主义为"永久少数派"的自由主义。参见她的 *Legalism: Laws, Morals, and Political Trials*（Cambridge, Mass.: Harvard University Press, 1964），p. 224。

[15] 限定经修改后，自由社会也必须允许此权利。有人可能会反对说，作为一个移民，如果不享有在某些地方被接纳的权利，那么移民权就是毫无意义的。但在此意义上，许多权利都是无意义的：例如，结婚的权利、邀请人进入自己家里的权利甚至许诺的权利都是这样。这些权利都需要双方同意才能兑现。另一个复杂的问题是：移民权应该被扩展到什么程度？无论答案是什么，宗教的少数派的移民权都不应仅仅是形式上的，并且条件允许时，某一人民应该为这些移民提供帮助。

[16] 在§10我还会回过头来讨论这点，在这里我要指出，一些理论家坚持充分的民主和权利对阻止侵犯人权是必需的。这陈述了一个得到历史经验支持的经验事实。我不反对这一点，它也许是真实的。然而我对于正派等级制社会的讨论是概念性的。也就是说，我问我们能否设想出这样一个社会；并且如果这样的社会存在的话，我们是否可以将之判定为可以得到我们政治上的宽容的。

[17] 导向宽容的道路有许多；关于这一点，参见 Michael Walzer, *On Toleration*（New Haven: Yale University Press, 1997）。我指派给卡赞尼斯坦的统治者的学说，与几个世纪前在伊斯兰世界发现的学说相似（奥斯曼帝国对犹太人和基督徒宽容，奥斯曼帝国的统治者甚至请他们到首都君士坦丁堡）。这些学说肯定了所有正派宗教的价值，并提供了现实主义乌托邦所要求的本质要素。此学说认为：（a）人民间所有的宗教差异都是神的意志，无论信徒们属于同一社会还是不同的社会，情况都是如此；（b）只有上帝才能惩罚错误的信仰；（c）不同信仰的社群要相互尊重；（d）所有人民天生就信仰自然宗教。关于这些原则的讨论参见 Roy Mottahedeh, "Toward an Islamic Theory of Toleration," in *Islamic Law Reform and Human Rights*（Oslo: Nordic Human Rights Publications, 1993）。

[18] 对争斗的精神性解释，曾一度为伊斯兰国家所共享；在此解释下，争斗被理解为每个穆斯林的责任。参见 Bernard Lewis, *The Middle East*（New York：Scribner，1995），pp. 233ff。

[19] 这似乎与约翰·菲尼斯（John Finnis）所说的共同利益的第一种意思非常接近，参见 John Finnis, *Natural Law and Natural Rights*（Oxford：Clarendon Press，1980），pp. 155ff。

[20] 此共同利益观念接近菲尼斯的第三种意思。在此参见 *Natural Law and Natural Rights*, pp. 155ff。在这里我要重申，一个协商等级制并不只是寻求共同目的的成就的最大化。对协商程序本身的尊重就要求我们接受许多限制；而一个协商等级制对共同目的的成就的最大化的追求，要在与这些限制相一致的条件下进行。这使得一个正义的或正派的社会与其他社会区别开来。

[21] 1990 年的《哥本哈根协定》（The Copenhagen Convention）以此方式对民主权利做了一种工具性的捍卫。

[22] 参见 Judith Shklar, *American Citizenship: The Quest for Inclusion*（Cambridge，Mass.: Harvard University Press，1991）中对此进行的富有启发性的讨论，她也强调了奴隶制的历史意义。

[23] 关于人权的这一事实，可以通过仔细考察被各种国际宣言列为人权的那些权利来加以明确。考虑一下 1948 年联合国《世界人权宣言》。首先，严格意义上的人权（human rights proper）条款，如第 3 条"人人都享有生存权、自由权和人身安全保障权"以及第 5 条"任何人不得被施以酷刑，或被施以残忍的、不人道的或侮辱性的待遇或刑罚"。除了某些悬疑问题有待解释，第 3 条至第 18 条都可归于严格意义上的人权条款之列。还有一些人权，是此类权利的明显延伸。另外，由一些特别的协定如种族灭绝（1948）、种族隔离（1973）规定了一些极端情况。这两个类别的权利构成了与（前文解释意义上的）共同利益相连的人权。

其他宣言，它们中的一些看起来更适合被描述为对自由愿景（liberal

aspirations）的陈述：如 1948 年《世界人权宣言》第 1 条："人人生而自由，在尊严和权利上一律平等。他们富有理性和良心，并应以兄弟关系的精神相对待。"其他一些条款预先假设了某些特定类型的制度，如第 22 条社会安全的权利、第 23 条同工同酬的权利。

[24] 参见 Terry Nardin, *Law, Morality, and the Relations of States*（Princeton：Princeton University Press, 1983）, p. 240，他引用了 David Luban 的 "The Romance of the Nation State," *Philosophy and Public Affair*, 9（Summer 1980）：p. 306。

[25] 彼得·琼斯（Peter Jones）在他的 "Human Rights：Philosophical or Political," in *National Rights, International Obligations*, ed. Simon Caney, David George, and Peter Jones（Boulder：Westview Press, 1996）中，以一种我认为是错误的方式对我在 "The Law of Peoples," in *On Human Rights：The Oxford Amnesty Lectures*（New York：Basic Books, 1993）中对于人权的说明做了阐释。他正确地看到我将人权解释为一组权利，这些权利是自由和正派等级制人民都会实行和认可的。但尚不清楚，他是否将它们看作普遍的和可以应用于法外国家的。

[26] 有时候，我们必须面对这样一个问题：我们干涉法外国家，仅仅是因为它们侵犯了人权，而不是因为它们具有侵略性和危险性。实际上，它们可能是非常弱小的国家。我在讨论非理想理论的 §14-§15 时再回过头来处理这一非常严重的问题。

[27] 参见《正义论》§4，§24。

[28] 布莱恩·巴里（Brian Barry）在他的 *Theories of Justice*（Berkeley：University of California Press, 1989）中，讨论了这种程序的优点。另可以参见 Charles Beitz, *Political Theory and International Relations*（Princeton：Princeton University Press, 1979）第 Ⅲ 部分；Thomas Pogge, *Realizing Rawls*（Ithaca, N.Y.：Cornell University Press, 1990），第 3 部分，第 5-6 章；以及 David Richards, "International Distributive Justice," *Nomos*, vol.

24（1982），这些作者似乎都采纳了此路径。

[29] 参见《政治自由主义》第 6-7 页提到的关于平等主义的三个方面。

[30] 实际上，今天的国际货币基金组织经常在贷款时附上政治条件，包括那些要求朝向更加开放和自由的民主制度改革的条件。

[31] 参见《政治自由主义》第一讲"基本理念"。

[32] 我对此短语的使用，和我在《正义论》中的 §3-§4 和 §9 所解释的"反思平衡"的意思是相同的。

[33] 在这方面，《政治自由主义》的第三讲是误导性的，在那本书的许多地方，我给人一种错误的印象，似乎合情理性和理性的内容是从实践理性的原则中推导出来的。

[34] 我这里所指的包括《政治自由主义》与《公共理性理念再探》。

[35] 参见 *Political Liberalism*，p. 94。

[36] Ibid.，pp. 48-64.

[37] Ibid.，p. 59.

[38] Ibid.，p. xviii.

[39] Ibid.，p. 59.

[40] Ibid.，p. 393.

[41] 我在《正义论》§63 第 411 页写道："这些（理性选择的）原则将通过列举的方式给出，以便它们能最终替代理性的概念。"关于计算原则，参见第 63 节第 411-415 页。

第Ⅲ部分

非理想理论

§13 正义战争学说：战争权

13.1 非理想理论的角色。此前，我们一直在讨论理想理论。 [89]
通过扩展一种自由主义的正义观，我们已经为组织有序的人民
（也就是自由和正派人民）所组成的社会发展出了一种万民法的理
想观念。此万民法将指导这些组织有序的人民如何处理彼此的关
系，以及如何设计出一些为他们相互利益服务的共同机构。此万
民法还引导他们去处理与非组织有序的人民间的关系。为了使我
们对万民法的讨论充分完整，我们就必须去考虑那些从我们的世
界的巨大不正义及遍布的社会罪恶这样的高度非理想状态中产生
的问题，尽管我们无法充分地处理这些问题。假定世界上存在着
相对组织得比较有序的人民，那么在非理想理论中，我们问：这
些人民应该如何对待非组织有序的人民？我们认为组织有序的人
民的一个基本特征是：他们希望生活在一个所有人民都接受和遵
循万民法（的理念）的世界里。

非理想理论问：怎样才能达成或逐步接近此长远目标呢？它
寻找那些道德上允许的、政治上可能的以及很可能是有效的政策
[90] 和行动方案。这样构想的话，非理想理论预设理想理论已然在手。
在这一理想被鉴别出来或至少被勾勒出来——这是我们应该期待
的全部东西——之前，非理想理论尚缺乏一种目标，而非理想理
论的问题正是要参考此目标才能加以回答。尽管这种万民社会的
理想观念，任何时候都不受制于我们世界的特定状况也即现状，
但这些状况的确会影响到对非理想理论问题的解答。这些问题是
一些转变中的问题，是关于如何使得一个包含着法外国家和因不
利状况而负担沉重的社会的世界，向一个所有社会都接受和遵循
万民法的世界转变的问题。

如我们在导论中看到的那样，存在着两种非理想理论。一种
是处理不服从情况的，即处理某一政体拒不承认合乎情理的万民
法这样的情况；这样的政体认为，战争促进或者可能会促进该政
体的理性（而非合乎情理的）利益，这就是发动战争的充分理由。
我们可以称这样的政体为**法外国家**。另一种非理想理论是处理不
利状况的，即由于其人民所固有的历史、社会和经济状况使得该
人民形成一个组织有序的政体（无论是自由的还是等级的）变得
很艰难，如果不是不可能的话。这样的社会我称为**负担沉重的
社会** [1]。

我从不服从理论开始谈起。请回想一下，万民法的第五条初
始平等的原则（§4.1）赋予组织有序的人民在自卫时有战争的权
利，但这种权利不是如在传统主权理论中所理解的、为理性地追

求一个国家的理性利益的战争权；单单这一点并不构成一个充分的理由。组织有序的人民，无论是自由人民还是正派人民，都不会对对方发动战争；只有当他们真诚和合乎情理地相信他们的安全受到了法外国家的扩张政策的严重威胁时，他们才会走向战争。接下来，我将阐述万民法原则关于规制战争行为的内容。 [91]

13.2 组织有序的人民的战争权。没有任何国家有权为了追求自己的理性（与合乎情理相对的）利益而发动战争。但是，万民法将一种为了自卫而战的权利赋予所有组织有序的人民（包括自由和正派人民），并且实际上是赋予任何遵守和尊崇一种合理程度上正义的万民法的任何社会 [2]。尽管所有组织有序的社会都具有此权利，但是它们会根据它们对自身目标或目的的看法，以不同的方式去解释它们的行为。我将指出这些差异中的一些。

当一个自由社会在自卫中参与战争，那它这样做就是为了保护和保持其公民的基本自由及其立宪民主的政治制度。的确，一个自由社会不能正义地要求其公民为了获取经济财富或为了获得自然资源而战，更不用说为了攫取权力和建立帝国而战 [3]。（当一个社会追求这些利益时，它就不再是尊崇万民法的了，它其实成了一个法外国家。）通过征兵而侵犯公民自由权的行为，或任何增加武装力量的实践，只有根据一种自由主义的政治观念，并出于自由本身的缘故才可以做，也就是它只能作为捍卫自由民主制度及其市民社会的各种宗教性或非宗教性的传统和生活方式的必要手段 [4]。

自由的立宪政府的特殊重要性在于：通过其民主政治和遵循公共理性的理念，公民可以表达他们的社会观念，并采取适当行动来捍卫社会。也就是，理想地讲，公民发展出一种**真正**政治的观点，而不仅仅是关于什么最能促进他们作为市民社会成员的（无论是什么类型的）特定利益的观点。这样的（真正政治的）公民对政治正当和正义的是非曲直，以及对社会不同部分的福祉的
[92] 要求形成了一种看法。正如我在《政治自由主义》中论述的那样，每个公民被看作具有我所说的"两种道德能力"——正义感能力和善观念能力。我们还假定，每一个公民在任何时候都具有一种与某种整全性的宗教的、哲学的或道德的学说相一致的善观念。这些能力使得公民能够完成他们作为公民的角色，并且确保了他们政治的和公民的自主性（autonomy）。正义原则保护了公民的高阶利益；这些都在自由宪法和社会基本结构的基本框架内得到了保障。这些制度确立了一个合理程度上正义的框架，在此框架内，市民社会的背景文化[5]得以繁荣昌盛。

正派人民同样具有一种为了自卫而战的权利。他们可能会以一种不同于自由人民的方式去描述他们所捍卫的东西；但正派人民同样具有某些东西是值得捍卫的。例如，那个设想出来的正派人民——卡赞尼斯坦的统治者可以正当捍卫他们的正派的等级制伊斯兰社会。他们允许和尊重其社会成员的不同信仰，并且他们尊重其他社会包括非伊斯兰的和自由社会的政治制度。他们还尊重和尊崇人权；他们的基本结构包含着一个正派的协商等级制，并且他们接受和遵循一个（合乎情理的）万民法。

之前列出来的第五类社会——**开明专制社会**——看起来同样具有为了自卫而战的权利。尽管一个开明专制社会的确尊重人权，但它不是一个组织有序的社会，因为在做政治决定时它没有赋予其社会成员一种有意义的角色。但**任何**非侵略性的社会以及尊重人权的社会都拥有自卫权。其精神生活和文化的层次在我们眼中可能不算高，但它总是拥有捍卫其自身而反对其他国家侵略其领土的权利。

13.3　万民法作为对外政策的指导。 组织有序的社会在如何面对法外国家的问题上，接受万民法的指导。合乎情理的万民法，通过界定这些社会应该考虑的目的和指出它们可以使用或要避免使用的手段来指导其应该如何对待那些法外国家。但组织有序的社会对自身的捍卫，只是它们首要的和最迫切的任务。它们的长远目标，是最终使所有社会都尊崇万民法，并完全成为组织有序的人民所组成的社会中资质良好的成员，并因此使人权得到普遍的保障。怎样使所有社会达到此目标，这些工作是一个外交政策的问题；这要求政治智慧，且其成功部分取决于运气。而对于这些问题，政治哲学没有什么需要补充的，我以下两段文字只是试着提出几个为人们所熟悉的观点。 [93]

组织有序的人民要达成上述的这一长远目标，就应该建立新的机构和实践，如某种协作中心和公共论坛，以协调它们对待非组织有序的政体的共同意见和政策。这可在联合国这样的机构的框架之内进行，或者由组织有序的人民针对某些特定议题形成各种单独的联盟。由此，这一协作中心可用于商讨确定或表达组织有序的人民的意见，它还可以向公共舆论披露压制性和扩张性政体的制度的非正义与残忍性，以及它们对人权的侵犯。

即使法外国家也不能对这些批评全然不顾，尤其是当这些批评是基于一个合乎情理的和稳固的万民法而做出的时候，法外国家就难以简单地把这些批评斥为自由主义的或西方的而轻松地将其打发。久而久之，组织有序的人民也许可以迫使法外政体改变它们的统治；但单单是这种压力很可能是无效的，还必须辅以其他措施，如坚决取消所有的军事、经济援助及其他合作；并且，组织有序的人民也不应允许法外政体作为合格的成员加入到他们互惠的合作实践当中。但是，在这些问题上如何行动，本质上是一个政治判断的问题，并且取决于对各种政策的可能结果的一种政治评估[6]。

§14 正义战争学说：战争行为

14.1 约束战争行为的原则。遵循上述对一种正义战争的目的 [94] 的说明，现在让我们来阐述约束战争行为的原则——战时法（*jus in bello*）。在论述的开始，我先提出六条原则和假设，对正义战争这个主题进行研究的传统思考对这些原则和假设都不会陌生：

（ⅰ）一个正义的组织有序的人民发动的正义战争，其目的是实现各人民间正义、持久的和平，尤其是与当前的敌人达成和平。

（ⅱ）组织有序的人民相互不开战（§5，§8），它们的战争所针对的是一些非组织有序的国家，这些国家的扩张性目的威胁着组织有序的政体的安全和自由制度，并因此而引发战争[7]。

（ⅲ）在战争行为中，组织有序的社会必须仔细区分三种群体：法外国家的领导人和官员，它们的士兵，以及广大的平民。一个组织有序的人民区分这三个群体的理由如下：因为法外国家不是组织有序的，社会的平民成员不可能是组织发动战争的人[8]。 [95]

相反，战争的发起者是国家的领导人及官员，而掌控国家机器的精英们通常是发动战争的帮凶。他们蓄意发动战争，所以应该对此负责，也正是基于这一点，他们犯有战争罪。但平民作为经常被国家瞒骗和受国家的宣传唆摆的人，不应该让他们背负这些罪责。即使某些平民对战争行为知晓较多并且对战争也有一种狂热，上述结论也成立。不论战争的初始状况如何（如 1914 年 6 月，塞尔维亚的民族主义者在萨拉热窝暗杀了奥匈帝国的皇储斐迪南大公；或当前在巴尔干半岛和其他地方的种族仇恨），最终发动战争的依然是民族的领袖而非平民。基于这些原则，1945 年春对日本东京和其他城市的空袭，以及对广岛和长崎的原子弹轰炸（它们的主要攻击对象都是平民），是极其严重的错误——这一点已经广为人知，尽管还不普遍。

对于士兵而言，他们和平民一样，除他们当中的高层军官外，他们也不用对战争负责；士兵们是被征召入伍或者以其他方式被迫卷入战争中的，他们被强制灌输武德；他们的爱国热情往往残酷地遭人利用[9]。士兵们可能受到直接攻击的理由，不在于要他们对战争负责，而在于组织有序的人民没有其他方式可供自卫；为了捍卫自身，就必须对敌方的士兵进行攻击。在这一点上，没有任何选择的余地。

[96]

（iv）组织有序的人民必须尽可能尊重战争另一方的成员（包括平民和士兵）的人权，这有两个理由。第一，根据万民法（§10.3），平民和士兵拥有这样的权利；第二，通过让敌方的士兵和平民看到组织有序的人民以尊重人权的方式对待他们的实例，可以将人权的这些内容教导给他们。人权的重大意义就以一种最好的方式传播到他们的土地上。

（ⅴ）接着是对有关人权的内容的教育问题，一个原则是：组织有序的人民通过他们的行为以及宣言，在战争中预先宣告了他们要达到的和平的目的，以及他们要寻求的那种关系。这样，组织有序的人民就以一种公开和公共的方式表明了他们的目的的性质以及他们所是的那类人民。这些最后的责任大部分落在组织有序的人民的政府的领导人和官员肩上，因为他们能最好地代表全体人民发言，并如该原则所要求的那样去行动。尽管上述所有原则也界定了政治家负有的各种责任，但特别体现在第ⅳ条原则以及现在的第ⅴ条原则。战争的进行方式和终止方式会永存在人民的历史记忆中，它可能会也可能不会为未来的战争埋下导火索。政治家有责任采纳一种长远的观点。

（ⅵ）最后，我们要注意到实用的"手段－目的"推理，在判断为达到战争目的而采取的某些行为或政策的恰当性中只发挥一种受限制的作用。这种思考方式——无论是以（古典）效用主义的推理、成本收益分析、对民族利益的考量或其他方式来进行——必须始终要在前面的原则和假设的框架内进行，并受到严格限制。战争行为的规范设立了某些我们不能僭越的边界，战争 [97] 计划和战术、战役的实施都必须处于这些边界设定的限制范围之内。如果有例外的话，只能发生在极端的危机之下，这一点我在下文再讨论。

14.2 政治家的理想。 我已经指出，战争行为原则的第 iv 及第 v 条特别对那些作为一人民的伟大领导人的政治家有约束力。因为他们处于一个能最有效地代表他们人民的目的和义务的位置上。但谁是政治家？政治家并不像总统、首相、总理那样，拥有一个明确的职位。政治家只是一种理想，一如真诚或有德的人。担任总统或总理的人要成为政治家，就必须凭借他在职位上的模范行为和卓越领导展现出力量、智慧和勇气[10]。他能在危急关头带领其人民力挽狂澜、渡过危难。

政治家的理想在如下说法中体现：政客紧盯下一次选举，政治家关心下一代命运。哲学家的任务，是检视一个组织有序的社会的永恒条件和真实利益。而政治家的任务就是在实践中辨别这些条件和利益；与其他人相比，政治家目光长远、看待问题深刻，并能很好地把握应该如何行动。政治家必须做（几近）正确的事，并且要坚持到底。华盛顿和林肯是政治家[11]，而俾斯麦则不是[12]。政治家虽然不必做到大公无私，在他们出任公职期间也许有其个人利益，但是他们在对社会利益进行判断和评估时必须做到大公无私，并且不能被怀恨复仇这样的激情左右，尤其在战争时期[13]。

[98]

最重要的是，他们能坚定不移地追求一种正义的和平，并避免做任何阻碍达成这个目的的举动。在这方面，他们必须确保要代表其人民做出如下非常清晰的宣言：一旦和平被重新稳固地建立起来，敌方社会就会被赋予一种自主权利去建立它们自己的组织有序的政体。（但是在一段时期内，该战败社会在外交政策上的自由可能会受到限制，而这种限制是正当的。）

敌方人民在投降后不会被降为奴隶或农奴[14]，他们充分的自由权也不会在此过程中被剥夺；因此，政治家的理想包含了道德要素。仅仅依循所谓的世界历史方向而行，并不会使得一个人成为一个政治家。拿破仑和希特勒极大地改变了历史和人类生活，但他们肯定不是政治家。

14.3 极度紧急情况下的豁免。平民在战争中一般享有免受直接攻击的重要地位，但这种豁免[15]允许我们在某些特定的状况下可以将这种重要地位搁置不顾。不过我们在此必须非常谨慎。在二战中，是否存在着某些时刻，英国可以恰当地认为平民的重要地位应该暂时搁置不顾，而对汉堡或柏林进行空袭呢？可能有这样的时刻，但只有在肯定这样的轰炸能够产生某些实质性益处的情况下；这样的举动不能通过一种可疑的边际收益而得到辩护[16]。当英国孤立无援并且找不到任何其他手段打破德国的强权时，那么对德国城市的空袭就是可得到辩护的[17]。这段时期从1940年6月法国沦陷一直延续到1941年夏秋苏联人彻底地粉碎德国人的第一次进攻以及最后有能力反击德军为止。当然，关于英国危机持续到什么时候，人们可能有不同看法，比如有人认为到1942年夏秋，或者直至斯大林格勒会战（以1943年德军的投降结束）。但是，1945年2月对德累斯顿（Dresden）的轰炸显然太晚了，是得不到辩护的。 [99]

极度紧急情况下的豁免是否适用，取决于特定的状况，而关

于这些状况的判断有时候会有所不同。英国对德国的轰炸一直到
1941 年末或 1942 年，这是能得到辩护的，因为关键问题是无论
如何也不能让德国赢得战争，这有两个理由：第一，纳粹给世界
各地的文明社会带来的是无法估量的道德和政治方面的罪恶。第
二，立宪民主的性质、历史及其在欧洲文化中的地位岌岌可危。
丘吉尔在法国沦陷那一天对上院发表的演说绝非夸大："如果我们
失败（不抵抗希特勒）的话，那么包括美国在内的整个世界……
将陷入一个新的黑暗时代。"通盘考虑这样的威胁的话，诉诸极度
紧急情况下的豁免而轰炸敌方平民就是有辩护的，这样做不仅是
为了立宪民主人民的利益，而且是为了所有组织有序的社会。

　　我们需要对纳粹的特殊邪恶有一个恰当的理解。希特勒的特
点是他彻底地排除了与他的敌人建立政治关系的可能性；人们得
到的始终是纳粹的恐怖、野蛮的威胁以及武力征服 [18]。例如，从
进攻苏联起，这场战争就是一场毁灭斯拉夫民族的战争，如果还
有原住民幸存的话，也已沦为奴隶。当戈培尔及另外一些人反对
说战争不能以这种方式取胜时，希特勒根本不为所动 [19]。

　　14.4 政治家才能的缺失。但是有一点是很清楚的，这种豁免
在美国与日本的战争中的任何时候都不适用。美国对日本城市的
[100] 燃烧弹空袭是得不到辩护的，并且在向广岛和长崎投掷原子弹之
前的 1945 年六七月间，在盟国领导人的讨论中，实用的"手段 –
目的"之推理占据了主导地位，完全压过了那些认为此举已经越
界的人的疑虑和不安。

那些人主张，投掷原子弹之所以是有辩护的，是因为这可以加速战争的结束。很明显，杜鲁门以及其他领导人认为原子弹会有这样的作用，因此能拯救更多美国士兵的生命；而日本人的生命，无论是士兵的还是平民的，都考虑得比较少。还有，领导人们推论说，投掷核弹能够给日本天皇及领导人一个体面的理由去结束战争，这在日本武士道文化中是极为重要的东西。有些学者还认为，美国向广岛投放原子弹意在使得苏联人对美方强大的力量印象深刻，从而使苏联人对美国的要求更少有异议[20]。

上述所有这些理由都是站不住脚的，这就非常清楚地证明了美国的行为是违反了上述战争行为准则的。那么是什么使得盟国领导人缺乏一种政治家的才能呢？杜鲁门曾把日本人描述为野兽，并认为应以对待野兽的方式对待他们[21]。现在看来，称全体德国人和日本人为野蛮人、禽兽，这是多么的愚蠢荒谬啊[22]！对于纳粹和东条英机等军国主义者，的确可以这样描述他们，但他们并 [101] 不是德国和日本人民。丘吉尔将他发动对德累斯顿的轰炸的判断失误归因于激情和冲突紧张[23]。但作为政治家的职责是防止这种情感（无论它们多么自然和不可避免）改变组织有序的人民在追求和平过程中应走的最佳道路。政治家要明白，当前与敌人所保持的关系有着特殊的重要性。正如我所说过的那样，战争必须公开地、公共地以某种有利于战后与战败的敌人建立持久友好的和平关系的方式来进行，并让敌方的人民知道他们将会受到什么样的对待，必须消除敌方的人民对他们将遭受报复和进行报复的恐惧或幻想。无论有多困难，必须要把当前的敌人看作创造未来共享的、正义的和平的合作伙伴。

政治家才能缺乏的另一个实例是盟国领导人在采取重大的行动之前，比如说，在 1945 年春向许多城市投放燃烧弹与向广岛和长崎投掷原子弹之前，并没有去尝试与日本人进行谈判。我相信此谈判道路是有效的和能够避免进一步伤亡的 [24]。作为一个自由民主的人民，美国对日本人民是有所亏欠的。天皇在 6 月 26 日 [25] 甚或更早就曾命令政府和军队着手结束战争的工作，他肯定意识到随着日本海军被打垮和外围岛屿被占领，战败已成定局。此政体的领导人被灌输了武士道的荣誉准则，他们自己当然不会妥协谈判，但在天皇的诏令下，他们可能会回应美国的提议。不过，这一切都没有发生。

[102]　　**14.5 政治文化的重要性。**很明显，对广岛和长崎的核轰炸以及对日本城市的燃烧弹袭击是一个极大的错误，这个错误是作为政治家身份的责任要求政治领导人避免的；但是同样清楚的是，即使正义战争的原则的一种清楚表述在那个时候就被提了出来，它也不可能改变战争的结果，因为为时已晚。在那个时候，对平民的空袭已经成为战争的普遍做法。对正义战争进行反思的声音已经被淹没。因此，这些问题必须在冲突发生之前就认真考虑。

同样地，立宪民主的根基及其权利和义务的基础，将会持续地在社会的所有的社团中得到讨论，这是人民在参与政治生活之前就要获得的理解和教育的一部分。这些东西都应成为政治文化的一部分，它们不需要决定日常政治的内容，但它们必须是在背景中预设着和运作着的东西。在二战的轰炸进行得正激烈之时，由于对正义战争原则的根本重要性缺乏预先的把握，即便清楚地将这些原则表述出来，也难以阻止人们采纳实用的"手段－目的"推理；这种实用的"手段－目的"推理为太多的东西做了太过匆忙的辩护，并且为政府中力量占优势的一方提供了一种方法，它可以压制任何可能带给他们麻烦的道德忧虑的声音。如果这些战争原则在那时提了出来，它们也只是作为众多的考虑因素之一，放在考量的天平上以供斟酌取舍罢了。这些原则必须在战争前就提出来，并被普通公民广泛理解。政治家才能的缺失部分是因为其公共政治文化——包括其军事文化和战争学说 [26]——缺乏对正义原则的尊重，并因此而加剧。

　　在此要特别地驳斥两种虚无主义学说。一种由谢尔曼 [103]（Sherman）的如下言论体现出来，他说"战争就是炼狱"，因此，人们要尽可能地采取各种手段尽快结束战争 [27]。另外一些人则认为，我们都有罪过，所以我们都处在同一水平线上，谁也不能去正当地指责谁。这些学说——如果它配得上称为学说的话——都十分肤浅并且否认所有合乎情理的差别，它们的道德空虚性可以通过如下事实看清楚：正义和正派的文明社会，它们的制度和法律，它们的市民生活、背景文化和习俗等，总是依赖于做出重要的道德和政治区分。当然，战争的确是炼狱，但为什么这会意味着所有的道德区分就此抹除了呢？并且即使我们同意有些时候我们所有人，或者说几乎所有人都在一定程度上负有罪责，但这并不意味着所有人负有的罪责都是同等的。简而言之，我们永远都没有借口不去做道德和政治原则的细致区分和分级约束[28]。

14.6 与基督教学说的比较。万民法与为人们所熟悉的基督教关于正义战争的自然法原则，既有相同点也有相异之处[29]。相同点在于：如果所有人民都遵循基督教的自然法学说**或者**万民法（它并不排斥该自然法或任何合乎情理的整全性学说）的话，它们都认为民族间普遍的和平是可能的。

[104]　　但是，很重要的是要退后一步并观察到在万民法和该自然法之间存在着的本质区别；也就是，它们在构想方式上存在不同。那个自然法被认为是上帝律法的一部分，通过我们对世界结构的研习，凭借我们的理性的自然能力，就能知道它。因为上帝对万灵都有一种至高无上的权威，所以该自然法约束作为一个共同体成员的人类全体。这样理解的话，自然法有别于永恒法（the eternal law），后者存在于上帝的理性中并且引导上帝创造和维持世界的活动。自然法还有别于神启法（the revealed law），它无法通过人类的自然理性能力而被知晓，并且也有别于教会法（ecclesiastical law），它只应用于教会的宗教和裁判事务。与之相对，万民法作为一种政治观念归属于政治的领域。也就是说，尽管万民法可获得基督教自然法学说的支持，但其原则仅仅是根据一种政治观念及其政治价值表达出来的[30]。这两种观点都支持出于自卫的战争权，但两者规制战争行为的原则的内容，并不是在所有方面都是相同的。

最后这点评论，可以举天主教的双重效应学说（doctrine of

double effect）为例来加以阐明。它同意万民法关于战争行为原则中"平民不应受到直接攻击"的原则（参见§14.1）。两种观点也都同意：1945年春夏对日本的燃烧弹轰炸以及对广岛及长崎的原子弹袭击是一个巨大的错误。但是，关于战争行为原则，社会契约论观念的原则包含着极度紧急情况下的豁免（§14.3），但在双重效应学说中则不存在这种豁免。双重效应学说禁止造成平民伤亡，除非这种伤亡是伴随着对敌方军事目标进行合法打击而出现的非故意和非直接的结果。建立在"绝不可滥杀无辜"此神命之上的这种学说认为：人们在任何时候也不能蓄意通过残害平民生命的手段去攻击敌国。政治自由主义允许极度紧急情况下的豁 [105]免；而天主教学说拒斥它，并声称我们必须要忠于和服从上帝的命令 [31]。这是一个讲得过去的学说，但与政治自由主义中政治家的责任相对立。

在考虑战争行为时，在§14.2所讨论的政治家就是一个中心人物，并且必须要做好准备为捍卫自由民主政体而战。实际上，公民也希望那些寻求出任总统或首相之职的人能够这样做；而这些候选人基于宗教的、哲学的或道德的理由而拒绝这样行事，则会违反一种根本性的政治理解，至少在选举前如果没有清晰地向公民公开宣明这一点时是这样。反对所有战争的贵格会信徒（Quakers），他们可以加入到在一种立宪政体上达成的重叠共识中，但他们无法在任何时候都同意民主政体的任何特殊决策——在这里，就是为了自卫而战的决定，即使这些决定根据其政治价值看来是合乎情理的。这预示着，如无特殊情况的话，他们其实不能真心实意地在一个自由民主政体中寻求出任最高的官职。政治家必须关注政治世界，并且在极端状况下必须有能力分辨清楚：他或她所服务的组织有序的政体的利益是什么，而他或她个人赖以安身立命的宗教、哲学或道德学说的命令又是什么。

§15 负担沉重的社会

15.1 **不利状况**。在不服从理论中，我们已经看到：（相对地）组织有序的社会的长期目标是在某种程度上将法外国家引入那个由组织有序的人民所组成的社会。欧洲现代早期的法外国家 [32]——西班牙、法兰西、哈布斯堡王朝统治下的奥地利——或 *[106]* 更近的德国，无一不曾尝试去使欧洲大部分地区臣服于自己的意志。它们希望扩展它们的宗教和文化，并且寻求统治权和荣耀，更不用说财富和领土了。这些国家在它们那个时代，都属于那些比较有效地组织起来以及经济较为发达的社会。它们错误的根源在于它们的政治传统，法律、财产制度，阶级结构，支撑性的宗教和道德信念以及深层次的文化，正是这些东西塑造了一个社会的政治意志；并且如果要使这些社会支持一个合乎情理的万民法的话，那么这些要素就必须做出改变。

接下来，我要处理第二种非理想理论，也就是因不利状况而负担沉重的社会（以下称为**负担沉重的社会**）。负担沉重的社会，尽管它们不具有扩张性和侵略性，但却缺乏一个组织有序的社会所必需的政治和文化传统、人力资本、专门技能以及通常是必要的物质和技术资源。（相对地）组织有序的社会的长期目标，是要把负担沉重的社会引入那个由组织有序的人民所组成的社会，正如要把法外国家引入一样。组织有序的人民具有一种**责任**去为负担沉重的社会提供援助。但这并不能得出，承担这种援助责任的唯一或最好方式就是遵循一种分配正义的原则，并用它来规制各社会间出现的经济和社会不平等。大多数这样的分配正义原则都没有一个明确的目标、目的或终止点（cut-off point），超过它援助就可以停止了。

各社会间财富和福祉的水平可能会有差异，并且我们可以推断，情况一定会是这样的；但调整财富和福祉的水平的差异却并不是援助责任的目标。援助责任的存在只是因为负担沉重的社会需要帮助。而且，正像并非所有组织有序的社会都是富裕的一样，并非所有负担沉重的社会都是贫穷的。如果一个社会，其政治传统、法律、财产和阶级结构及其深层次的宗教、道德信念和文化能够支撑一个自由或正派社会的话，那么即使该社会自然资源和财富都很少，也不妨碍它们可能成为组织有序的社会。

15.2 援助责任的第一项指导方针。 第一项要考虑的方针是：一个组织有序的社会不需要是一个富裕的社会。我在这里重提我在《正义论》第 44 节中阐述的（一个自由人民内部社会中的）"正义储存"原则的三个基本点。

（a）一种正义（实际的）储存原则的目的是，为一个自由的 [107] 立宪民主社会（或任何组织有序的社会）确立一种（合理程度上）正义的基本制度，并确保建立一个让所有公民都可能过上有价值生活的社会世界。

（b）相应地，一旦正义（或正派）的基本制度已经建立，那么储存也就停止了。在这一点上，实际的储存［也就是各种实际资本（real capital）的净增加］可能降至零；现有的储存只需维护或更新，而不可更新资源要谨慎地节约以备未来使用。因此，储存率作为对当前消费的一种限制，体现在增加资本积累，减少资源使用以及发展生产技术，以便维护和革新自然世界供养其人口的能力。有了这些和其他一些基本要素结合在一起，一个社会当然可以在超过终止点后继续储存，但这就不再是一种正义义务所要求的事情了。

（c）大量的财富并不是建立起一种正义（或正派）的制度的必要条件。究竟需要多少财富，取决于一个社会的特殊历史及其正义观。因此，一般来讲，组织有序的人民间的财富的水平是不一样的。

《正义论》中讨论的正义储存过程的这三个特征，带出了在万民法中的援助责任与自由社会内部情形中的正义储存责任的相似性。在两种情形中，目的都是实现和保存正义（或正派）的制度，而不是简单地提升（更不用说无限地最大化）财富的平均水平，或任何社会、社会中的任何阶级的财富。在此方面，援助责任和正义储存的责任表达了相同的深层理念[33]。

[108]　　**15.3 第二项指导方针**。思考怎样落实援助责任的第二个方针是要认识到：一个负担沉重的社会的政治文化是至为重要的，并且同时，不存在着什么秘诀或者说肯定没有什么简单的秘诀可供组织有序的人民利用去帮助一个负担沉重的社会改变它的政治和社会文化。我相信一人民富裕的原因及其采取的形式，深深根植于其政治文化、支撑其政治和社会制度的基本结构的宗教、哲学与道德传统、该社会成员的勤勉及合作才能，所有这些都由他们的政治德性支撑着。我还进一步推测：在世界任何地方都不存在这样一个社会——除了一些边缘的例子[34]——即便该社会可以合乎情理地、理性地组织和治理，但它的资源是如此之稀少以至于它还是无法成为组织有序的社会。历史的例子似乎表明：资源贫乏的国家也可能在成为组织有序的社会这方面做得非常好（如日本），而资源非常丰富的国家可能在这方面遭遇极大的困难（如阿根廷）。造成这些差异的重要因素就是政治文化、政治德性、该国社会成员的正直勤劳和他们的创新能力等方面。同样重要的是该国的人口政策，它必须小心谨慎，不能让人口规模超过该国的土地和经济的承受力。但无论如何，援助责任绝不能因此而缩减。我们必须认识到，单靠调配资金不足以矫正基本的政治和社[109]　会不正义（尽管金钱经常是很重要的）。但对人权的强调可能会改变那些低效的国家，以及那些长期漠视其人民福祉的统治者的行为。

对人权的强调，得到了阿马蒂亚·森关于饥荒的研究著作的支持 [35]。在他对历史上四个为人们所熟知的例子（1943 年的孟加拉、1972—1974 年的埃塞俄比亚、1972—1974 年的萨赫勒地区和1974 年的孟加拉国）进行的经验研究中，他发现粮食减产并不一定是饥荒的主要原因，或者实际上只是微不足道的原因。在森所研究的例子中，尽管粮食产量下降的情况可能会出现，但若存在一个正派的政府，它能做到关心其所有民众福祉、通过公共制度做好合理的后备措施，那么减产也不足以带来饥荒。主要的问题在于这些国家的政府在分配（和补充）现有食物方面的失误。森总结道："饥荒是经济灾难，而不只是粮食危机。"[36] 换句话说，饥荒的出现归咎于政治和社会结构上的弊病，以及在制定适当政策去应对粮食短缺方面的失败。如果情况是可预防的，但政府任由其人民挨饿，这就是对人权的践踏，我们所描述的组织有序的政体就绝不会允许这种事情发生。那么，坚持强调保障人权就是对这些国家施加压力，使它们朝着一个正派的万民社会中的有效政府这个方向转变。（我要顺便指出的是，如果没有机制去补救失业者的收入损失，任何现代西方民主国家也难免出现人们大规模挨饿的现象。）

尊重人权还可以将一个负担沉重的社会中的人口压力缓解至社会经济能够恰当支撑的水平 [37]。在这里，一个决定性的因素似乎是女性的地位。有些社会对家庭的规模进行了严格的控制并 *[110]* 采取了其他严苛的控制人口的措施。但其实不需要采取这么苛刻的措施，最简单、最有效和最可为人们所接受的政策，就是为女性确立一种平等正义的要素。印度的喀拉拉邦（Indian state of Kerala）的例子就很有启发性：该邦在 20 世纪 70 年代末赋予女性投票和参与政治的权利，接受和运用通过教育获得的能力的权利，以及拥有和管理财富与财产的权利。结果，几年之后，喀拉拉邦的出生率就降至较低的水平；在此过程中，不需诉诸任何国家强制力 [38]。其他地方也制定了类似的政策，例如在孟加拉国、哥伦比亚和巴西，也得到了类似的结果。这些基本正义的要素证明了它们自己的确是合理的社会政策所必需的。由根深蒂固的利益和意愿所支持的不正义不会轻易消失，但这些社会不能援引自然资源的短缺来为自己开脱。

重复一下，不存在着什么简单的秘诀可以帮助一个负担沉重的社会改变其政治和社会文化。大把撒钱通常被认为是不可取的，而使用武力又是万民法所禁止的。但某些类型的建议可能是有益的，而且负担沉重的社会可能在对女性的根本利益予以特殊关注这方面做得很好。女性的地位经常是建立在宗教观点或与宗教密切相关的观点上 [39] 这一事实本身，并不是造成她们处于屈从地位的原因，因为还有其他因素在起作用。人们可能解释说，所有类型的组织有序的社会都尊重人权，并且都至少具有一种正派协商等级制（或类似）的特征。这些特征要求任何代表女性的根本利益的团体都必须使得女性代表占多数（§8.3）。此处的理念是，任何协商程序的条件，只要对防止侵害女性人权是必需的，就应该得到采纳。这不是一个独特的自由主义的理念，而是所有正派人民共有的。

那么，我们就可以以将此理念作为一个提供援助的附加条件，[111]
这样在援助的同时又不会被指控不恰当地损害了一个社会的宗教
和文化。此处的原则与人们在宗教主张上一贯遵循的原则是相似
的。因此，一种宗教若主张它对其他宗教的不宽容是维持自身的
必要条件，这样的主张是得不到辩护的。相似地，一种宗教若主
张其对女性的压迫是维持自身生存的必要条件，这同样是不能辩
护的。此问题关涉到基本人权，并且这些权利属于所有自由和正
派社会的共同制度和实践[40]。

15.4 第三项指导方针。落实援助责任的第三项方针是：援助
的目的是帮助负担沉重的社会，使得它们有能力合乎情理地和理
性地处理其自身事务，并且最终变成组织有序的人民所组成的社
会中的一员。这就界定了援助的"目标"。在这一目标达成之后，
就不再要求进一步的援助，即使这个现在变得组织有序的社会依
然贫困。因此，组织有序的社会必须不能以一种家长主义的方式
去履行其援助责任，而是要以一种和援助的最终目的相一致的方
式谨慎行事，也就是之前为负担沉重的社会的自由和平等。

我们将某种形式的文化和生活方式本身是否就是好的（我相
信答案是肯定的）这样深层次的问题搁置不论，但可以肯定的是：
个体或社团依恋他们的特殊文化，并且参与其共同的集体生活和
市民生活，这无疑是好事。通过这种方式，对某一特定政治社会
的归属感，以及在所属社会世界中的自在感（being at home）就
会得到体现和满足[41]。这并非无关紧要的事情。它主张为人民自

决的理念以及一个万民社会的松散的或联盟性的形式留下充分的
空间，前提是不同文化的分裂敌对行为可以被一个组织有序的政
权组成的社会消除，这看起来是可能的。我们寻求的是这样的一
种世界，它将会消灭那些可能导致民族战争的种族仇视。一种恰
[112] 当的爱国主义（§5.2），是对一个人自己的人民和国家的一种依
恋，以及在充分尊重其他人民的合法主张的前提下，捍卫自己人
民和国家的合法主张的意愿[42]。组织有序的人民应该尝试去鼓励
这样的政体。

15.5 援助责任和亲和感。对于援助责任的一个合理顾虑是：
履行此责任的动机性支撑，是否预设了人民之间存在着一定程度
的亲和感（也就是社会凝聚力和亲近感）。要知道，即使在拥有不
同的语言、宗教和文化的诸自由人民所组成的那个社会中，也无
法期望这种亲和感会出现，就更不用说由诸组织有序的人民所组
成的那个社会了。一个自由人民内部社会的成员共享一个共同的
中央政府和一种共同的政治文化，遍及整个社会的政治和社会制
度是共同的日常生活的一部分，而对政治观念和原则的道德学习
在这样的制度背景下进行是最有效的[43]。同一社会的成员，每天
参与到共同的制度中去，应该有能力依据公共理性，在一个共享
的基础上解决政治冲突和问题。

政治家的任务，就是去与不同人民间的亲和感的可能缺乏作斗
争，并且尝试去消除造成这种缺乏的原因——它们来自之前的各人
民内部制度的不正义，以及继承自他们共同的历史和相互对抗的社

会阶级间的敌意。因为随着整个社会的制度涵盖区域的增大以及文化距离的增加，人民间的亲和感（作为一个人类心理问题）会自然地变得更弱，政治家必须持续地与这些短视的倾向作斗争[44]。

激励政治家工作的东西是这样一个认识——亲和关系并非一种固定的东西，而是随着各人民在他们发展出来的合作制度中一起工作，久而久之就会持续地变得更加强烈。自由和正派人民的特征，就是他们追寻一个世界，在那里，所有人民都各自拥有一种组织有序的政体。起初，我们可假定此目的是由每个人民的**自我利益**所驱动的，因为这样的政体不具有危险性而是和平和愿意合作的。但随着人民间的合作飞速进展，他们可能变得相互关心，并且他们之间的亲和感变得越来越强烈。因此，他们不再单单由自我利益所驱动，而是由对彼此的生活方式和文化的相互关心来驱动的；并且他们变得愿意为对方牺牲。这种相互关系得益于他们富有成效的合作努力，以及他们在相当长的一段时期内的共同经历。 [113]

这样，在当今世界上，相互关心的人民的那个较窄的圈子，久而久之就可能得以扩展，并且绝不应将之看作固定的。一般而言，各人民不再只受自我利益驱动或只受他们间的彼此关心驱动，而是逐步认同他们自由的与正派的文明和文化，直到他们最终变得准备按照他们的文明所界定的**理想**和**原则**而行动。在历史上，宗教宽容首先是作为与敌对信仰的一种权宜之计而出现的，其后逐渐就变成了一个为文明人民所共享的道德原则，并且也得到了这些人民中的主流宗教的认可。解放奴隶和农奴、法治、仅出于自卫的战争权以及确保人权不受侵犯，也是这样发展出来的。这些都成了自由的与正派的文明的理想和原则，以及适用于所有文明人民的万民法原则。

§16 论诸人民间的分配正义

16.1 人民间的平等。在这个问题上，存在着两种观点。一种观点认为：平等就是正义，或是一种其自身就是善的东西。而万民法持有另一种观点：不平等并非总是不正义的；如果它是不正义的，那是因为它在万民社会的基本结构、各人民间的关系以及各人民社会的成员的关系中产生了不正义的影响[45]。在讨论要宽容正派的非自由人民时（§7.2–§7.3），我们就已经观察到此基本结构极为重要。 [114]

接下来，我要指出在人民内部社会中关注不平等的三个理由，并考虑这些理由中的每一个如何应用到万民社会中。第一个理由是减少穷人所受的痛苦和艰辛。但这并不要求实现所有人在财富上的平等。就这个理由本身而言，穷人与富人间的差距有多大是不重要的，重要的是穷人的困苦是否得到缓解这个结果。在一个自由主义社会的内部，贫富差距不能过大，不能超过相互性标准

所能允许的限度，以确保社会的最少受惠者（如第三条自由原则
所要求的那样）能拥有足够的通用手段去明智、有效地运用其自
由，并过上一种合乎情理的和值得一过的生活。当达至此情形时，
那么就不存在进一步缩小贫富差距的需要了。相似地，在万民社
会的基本结构中，一旦援助责任满足了，并且所有的人民都拥有
了一个正常运作的自由或正派的政府，那么同样也没有理由去缩
小不同人民间的平均富裕程度的差距了。

　　第二个理由，在某一人民内部社会中缩小贫富差距的原因是：
这种差距往往导致一些公民被污名化，被当作下等人对待，而这
是不正义的。因此，在一个自由或正派的社会中，必须防止那些
通过表达顺从来确立社会认可的等级的惯例。它们可能会不正义
地伤害那些没有被认可的人的自尊。如果一个国家的公民因为另
一个国家更富有而感到自卑，那么人民社会的基本结构也会如此，
前提是这些感觉为合理的。但是，当援助责任得到履行之后，每
个人民都拥有了一个自由或正派的政府，那么上述那种感受就是
得不到辩护的。因为每个人民要为他们自己调整财富在社会中的
意义和重要性。如果对此不满足，它可以继续进行储存；如果这
是不可行的，就从万民社会其他成员那里借贷。

　　第三个理由涉及公平在万民社会的基本结构的政治过程中的
重要角色。在自由人民内部社会中，这种关注明显体现在确保选
[115] 举的公平和参选公职的政治机会的公平上。因此，对政党及竞
选活动给予公共资金支持，就是为了应对这些问题。还有，当
我们论及机会的公平平等，不仅仅是指一种形式性的法律平等。

我们的大体意思是，社会的背景制度要这样安排，以便每一个公民——无论其阶级或出身，如果他们才能相似且愿意尝试的话——都应具有相同的机会去获取一个有利的社会地位。为了达至这样的一种公平的机会平等，要实施的政策包括：例如，确保所有人都得到平等的教育和消除歧视等等。相似地，公平在万民社会的基本结构和政治过程中也同样扮演着一个重要的角色，尽管与在自由人民内部社会所扮演的不是同一个角色。

人民间的基本公平，来自他们在那个带有无知之幕的第二个原初状态中得到的平等的代表。因此这些人民的代表会愿意维护他们自己的社会的独立，以及它与其他人民间的平等关系。在人民间的各种组织和松散联盟的运作中，不平等被设计出来服务于那些为所有人民所共享的目的（§4.5）。在此情形下，规模较大的和较小的人民都准备好去做或大或小的贡献，并且接受成比例的或大或小的回报。另外，原初各派会制定一些方针去指导设立合作性组织，并且它们会一致同意一些公平贸易的标准以及相互援助的协定。如果这些合作性组织产生了得不到辩护的影响，那么就应该在万民社会的基本结构中将其矫正。

16.2 人民间的分配正义。 人们已经提出了许多原则去规制人民间的不平等并防止它们变得过度。查尔斯·拜茨讨论了其中的两个原则[46]。另一个是涛慕思·博格的平等主义原则（Egalitarian Principle）[47]，此原则与拜茨的再分配正义的第二条原则在许多方面是相似的。对于这些富有启发性的和获得大量讨论的原则，[116]

我要说明我为什么不需要它们。但是，当然，我的确接受博格和拜茨所阐述的实现自由或正派的制度、保障人权和满足基本需要这些目标。我相信在上一节讨论过的援助责任中已经涵盖了这些东西。

首先，让我陈述一下拜茨的两条原则。他区分了他所谓的"资源再分配原则"和"全球性分配原则"。两者的区别如下：假设在所有国家物品和服务的生产都是自给自足的，就是说，每个国家完全依靠自己的劳动和资源，而没有任何的交换贸易。拜茨认为，一些地区资源丰富，在这些地区的社会预计会充分利用其自然的财富。其他的社会就没有这么幸运了，尽管付出巨大的努力，由于资源匮乏，也只能勉强维持温饱[48]。拜茨将资源再分配原则看作为每个社会提供公平的机会，以使它们能建立正义的政治制度，以及发展出一种能满足其成员基本需求的经济，认同这条原则会要求"给资源缺乏的社会中每一个人提供保障，以使他们的厄运不至于阻止他们实现一种足以支撑正义的社会制度以及能保障人权的经济状况"[49]。不过他没有解释，资源充足的国家如何将资源再分配给资源贫乏的国家，但这不要紧。

拜茨所讨论的全球性分配原则涉及这样一种状况，即生产不再自给自足，国家间有贸易和服务的交流。他相信，在这种情形下，一种全球性的合作体系就已然存在了。拜茨提出，全球性差别可以应用到此情形中，并导向社会间的一种分配正义的原则（类似于《正义论》用于自由社会内部情形的那个差别原则）[50]。由于他相信，富裕国家之所以富裕，是因为它们有更多的资源可资利用，那么该全球性原则（比如说其税收计划）将会把拥有更多资源带来的收益，再分配给资源贫乏的人民。

但是，因为如我已经说过的那样，一个国家表现如何的关键 [117] 因素是其政治文化——其成员的政治和公民德性——而不是其资源水平 [51]，自然资源分配的任意性不会造成任何困难。因此我觉得我们不需要讨论拜茨的资源再分配原则。如果万民法的全球性分配正义原则是为了应用于我们的世界，因为它有极端的不正义、严重的贫困和不平等，其吸引力是可以理解的。但是，如果它的目的是无止境地持续适用——就像人们所说的，没有目标——在援助责任完全满足后的假想世界，那么它的吸引力就值得怀疑了。在后一个假想的世界中，全球性原则会产生我们认为不可接受的结果。考虑一下这两个例子：

例（i）是两个自由或正派的国家，具有（依据基本益品来估算）相同水平的财富，相同规模的人口。第一个国家决定实行工业化并提高其（实际）储存率。第二个国家则不然，该国满足现状，偏爱田园牧歌式安乐悠闲的社会，并确认这就是自己的社会价值。几十年后，第一个国家的财富是第二个国家的两倍。我们假设，这两个社会都是自由或正派的，其人民自由而负责任，能够做出他们自己的决定；那么，应该对第一个工业化国家征税，以便给第二个国家提供资金吗？根据援助责任，根本不需要征税，并且这看起来是正当的；然而按照无目标的全球性平等主义原则，只要一人民的财富比其他人民少，便要源源不断地征税。此结论似乎是不可接受的。

例（ii）与例（i）相似，只是一开始自由社会或正派社会的人口增长率都非常高。两国都按照一个组织有序的社会的要求为女性提供了平等正义的要素；但第一个社会恰好强调了这些要素，

[118] 并且该社会中的女性活跃在其政治和经济世界中。因此，该社会的人口增长率逐渐下降到零，久而久之财富水平逐渐提升。第二个社会，尽管它也具有这些平等正义的要素，但因为其主导性的宗教和社会价值被该社会的女性自由地接受了，因此，该社会的人口增长率并没有下降，且维持在一个较高的水平上[52]。如前一个例子一样，几十年后，第一个国家的财富是第二个国家的两倍。我们假设，这两个社会都是自由或正派的，其人民自由而负责任，能够做出他们自己的决定；那么，援助责任并不要求对第一个国家即现在更富裕的国家征税，而那个无目标的全球性平等主义原则恰恰有这样的要求。我们再一次看到后者的立场是不可接受的。

关键点在于：援助责任的作用在于帮助负担沉重的社会变为万民社会的正式成员，并且使其有能力自己去决定它们未来的发展路径。它是一种**过渡**原则，和实际储存原则在人民内部社会是一种过渡原则一样。如在 §15.2 中解释的那样，实际储存的目标是为社会的一种正义的基本结构建立基础，一旦达到了此目标，储存就停止了。在万民社会里，在所有社会都建立了正义的自由或正派的基本制度后，援助责任也就不存在了。实际储存责任和援助责任都由一个**目标**来界定，超过了此目标，这些责任就不再存在。它们确认了**政治自主性**这个本质要素：在自由社会内部，是自由平等公民的政治自主；在万民社会中，是自由平等的自由

人民或正派人民的政治自主。

　　这就提出了一种全球性平等主义原则和援助责任的区别问题 [53]。此全球性平等主义原则被设计出来，是为了帮助全世界 [119]的穷人，并且它提出对每个社会征收一种一般资源利息（General Resource Dividend，GRD）来设立一种国际基金以服务于此目的。我们对该原则要问的问题是：它是否具有一个目标和一个终止点。援助责任的原则两者兼有：它寻求扶持世界上的穷人，直到他们要么成为一个合乎情理的自由社会的自由平等的公民，要么成为一个正派的等级制社会的成员。这就是它的目标。它还有一个被设计出来的终止点，因为只要上述目标达成了，援助原则在那个曾经是负担沉重的社会中的应用就终止了。一个全球性平等主义原则可以相同的方式运作。我们称之为一种具有目标的平等主义原则。那么，援助责任与平等主义原则之间差异有多大呢？当然，总存在这样的一个时间点，到那时，人民的基本需求（以基本益品来估算）得到了满足，该人民也得以自立。但人们在"什么时候就算是达到了这个点"的问题上可能意见纷纭；然而对万民法及援助责任而言，这一时间点却至关重要。两种原则可能大部分都是相同的，这取决于它们如何确定各自的目标和终止点；两者的区别可能大多体现在税收和管理等实践事务方面。

　　16.3 与世界主义观点（Cosmopolitan View）的比较。 万民法假定，每个社会的人口中都具有充足的人类能力配置，每个社会都有足够的人口数量，以便该社会具有足够的潜在人力资源去实现正义的制度。社会的最终政治目的是，成为充分正义和具有基于正当理由的稳定性的社会。一旦此目的达成，万民法就不再指定任何进一步的目标：如不要求将生活水平提高至超出维持这些制度所必需的程度。任何社会要求超过维持正义制度所必需的东西，或要求进一步减少社会之间的物质不平等，都是得不到有辩护的理由的支持的。

　　这些评论表明了万民法与世界主义观点（§11）的区别。一种世界主义观点的终极关怀，是个体的福祉，而不是社会正义。根据世界主义的观点，即使每个人民在其社会内部都建立了正义的制度，仍然还有一个进一步的全球性分配问题。用一个最简单的例子来说明一下：假设两个社会内部都满足《正义论》中提出的正义二原则。在这两个社会里，其中一个社会中地位最不利的代表要比另一个社会中最不利的代表的处境更为糟糕。假定如下情况是可能的，即通过某种全球性再分配，容许这两个社会在继续满足内部正义二原则的情况下，改善第一个社会最不利的代表的处境。那么，我们应该偏爱这种再分配甚于原初的分配吗？

[120]

　　万民法在这两种分配方案中保持中立。而世界主义的观点并非如此。因为世界主义关注的是个体的福祉，并因此关注全球范围内的处境最不利者的福祉是否得到了改善。对万民法而言，重要的是自由和正派社会的正义与基于正当理由的稳定性，以及它们作为一个由诸组织有序的人民所组成的社会的成员而存在于世界中。

注释:

[1] 也存在其他可能性。一些国家并非组织有序的，而且侵犯人权，但它们却不具有侵略性，也不怀有攻击其邻国的计划。它们并没有遭受任何不利的状况，但只是推行一种侵犯其内部某些少数派的人权的国家政策。它们是法外国家，因为它们违反了由正义和正派人民所组成的社会认可的那些权利，并且在一些严重情形中，正义和正派人民还要对这些法外国家进行干涉。我在下面注释 6 以及下文中，还会更加详细地讨论这些问题。

[2] 这种战争权一般包括帮助和捍卫其盟国的权利。

[3] 当然，所谓的自由社会有时候也会做这样的事情，但这只表明其行为是不正当的。

[4] 参见 *A Theory of Justice*，sec. 58，pp. 380ff。

[5] 参见 *Political Liberalism*，p. 14。

[6] 之前我说过，我们在某些时候必须问这样一个问题: 仅仅因为法外国家侵犯人权就对它们进行干涉是否总是合法的，即使它们不具有危险性也不侵略别国，实际上它们可能是非常弱小的国家。可以肯定的是，在这种情形中某种类型的干涉是得到初步理据（prima facie case）支持的，但是人们要对先进文明和原始社会区别对待。原始的、与世隔绝的社会，它们与自由社会或正派社会都没有联系，我们确实也没有方法对其施加影响。但对于那些更加发达的社会，它们寻求与自由或正派社会开展贸易往来和其他合作性安排，这就是另一种不同的情形了。设想一个类似于阿兹特克人（Aztecs）的发达社会。尽管它对万民社会中所有守法的成员都无恶意，但它将其社会的低下阶层蓄为奴隶，并且在其寺庙中将社会的年轻成员用于人祭。那么，有没有一种周详的方法可以劝导它停止这些实践呢? 我们相信必须要使它认识到: 在不尊重人权的情况下，它对一个社会合作体系的参与就是不可能的，并且这样一个体系是符合他们利益的。依靠奴隶和人祭的威胁来推动的社会绝不是一个合作的体系，

并且也不能成为一个国际合作体系的一部分（另参见§17.1）。那么是否在某些时候，我们可以进行一种武力干涉呢？如果对人权的侵犯是异常恶劣的，并且该社会对强加的制裁根本不回应，那么这样一种捍卫人权的干涉就是可以接受和实施的。在稍后的§15.4我将会进一步讨论这一提议：在恰当的时候，如果让各人民以一种积极的方式接触自由主义的文明和文化的基本原则和理想，那么他们就可能准备好去接受和遵循它们，并且对人权的侵犯也会大大减少。久而久之，彼此关心的人民的圈子可能就会扩展。

[7] 战争的责任很少能只归给一方，这是肯定的。然而，责任确实有程度之分。因此，断言一方可能比另一方承担更重的责任当然是合理的。换句话说，但显然某些人的肮脏之手（dirty hands）比其他人更为肮脏；并且有时候，即使民主人民也将自己的手弄脏了，但他们仍然有权利甚至是义务去捍卫自身不被另一方征服。这一点在二战中可以看得很清楚。

[8] 关于这一点，我追随迈克尔·沃尔泽（Michael Walzer）的 *Just and Unjust Wars*（New York：Basic Books，1977）。这是一本令人印象深刻的书，并且我认为，我所阐述的与这本书没有重要的差异。

[9] 在整个第二次世界大战当中，日本最高统帅部是由"武士道"（bushido）精神和武士荣誉准则来推动作战的。这一准则由日本帝国的军官们保持着，他们又将此灌注进常规日本部队的纪律当中。武士道要求士兵准备牺牲而不是被俘，并且以死刑来惩罚投降者。于是投降成了不可能的事情，每一场战斗都成了死战。日本士兵在所谓"万岁"（banzai）——该名称来自其战斗口号"Tenno heika banzai"（即"天皇陛下万岁"）——进攻中，只要还有最后的机会，他们都会战斗到底。例如1944年3月，日本在托罗基纳河（Torokina River）对布干维尔岛（Bougainville）发动进攻，美国损失了78名士兵，而日本的损失却超过5 500人。类似的毫无意义的进攻比比皆是，其中最为著名的，或许便是1941年6月发生在塞班岛（Saipan）的战役。《关于战俘待遇之日内瓦公约》的制定，正是为

了防止此种情形的发生；然而为了保卫自己，南太平洋上的美军别无选择，只能回击；因此美日军队双方一般步兵团作战中的任何一方（所谓小队、班、排和连间的"交火"）都不会接受俘虏或投降。而天皇的责任（如果他对其担负的角色有任何意识的话），是要介入并放眼人民的未来，而他最后终于做了这样的事情。关于太平洋上步兵团交战作战的性质，与美国军队在法国与德国（党卫军除外）的交战性质的不同，参见 Eric Bergerud, *Touched with Fire*（New York：Viking, Penguin Books, 1996），pp. 124-145 and 403-425；以及 Gerald Linderman, *The World within War*（New York：Free Press, 1997），chap. 4。我对"武士道"以及"万岁"的说明，遵循了 the *Oxford Companion to World War II*（New York：Oxford University Press, 1995），ed. I. C. B. Dear and M. R. D. Foot 对相关词条的说明。

[10] 康德在《判断力批判》（Ak. 262ff）中说：将军的勇气使得他比政治家更令人肃然起敬。但是在这里，我相信康德做了一个错误的判断，因为政治家能表现出和将军一样的勇气。

[11] 关于华盛顿，参见 Stanley Elkins and Eric McKittrick, *The Age of Federalism*（New York：Oxford University Press, 1993），pp. 58-75。对于林肯，参见 Frederick Douglass：*Autobiographies*, ed. H. L. Gates（New York：Library of America, 1994）；1876 年在华盛顿特区林肯公园纪念林肯的自由人纪念碑揭幕典礼上的演讲，参见附录第 915-925 页。

[12] 参见我在第 Ⅰ 部分，§ 5.5，注释 67 的评论。

[13] 林肯的一个超卓非凡的方面，是他作为一个政治家的大公无私。

[14] 参见丘吉尔在其 *The Hinge of Fate*（Boston：Houghton Mifflin, 1950）第 685-688 页中对"无条件投降"一词含义的评论。

[15] "极度紧急情况"这个词取自 Walzer, *Just and Unjust Wars*, chap. 16, pp. 255-265。

[16] 在这一点上，我得益于与涛慕思·博格的讨论。

[17] 反对虐待战俘的禁令仍然生效。

[18] 参见斯图尔特·汉普希尔在他的 *Innocence and Experience*（Cambridge，Mass.: Harvard University Press，1989），pp. 66-78 中富有教益的讨论。

[19] 有关戈培尔和其他人的抗议，参见 Alan Bullock, *Hitler: A Study in Tyranny* (London: Oldham's Press, 1952), ch. 12, sec. 5, pp. 633-644。另可参见 Omar Bartov, *Hitler's Army*（New York: Oxford University Press，1991），该著作研究了东部战线的残忍和野蛮战争的惨状，那里正是德国国防军被击败的地方。

[20] 参见 Gar Alperovitz, *Atomic Diplomacy: Hiroshima and Potsdam*（New York: Penguin Books，1985），这本书讨论了这个最后的理由。如果此为真，那么真是罪大恶极。鉴于这些理由的存在，我不打算去估计这些理由的相对重要性。

[21] 参见 McCullough, *Truman*（New York: Simon and Schuster，1992），p. 458 中提到的 1945 年 8 月杜鲁门与佐治亚州参议员罗素之间的交流。

[22] 我认为丹尼尔·戈德哈根（Daniel Goldhagen）的 *Hitler's Willing Executioners: Ordinary Germans and the Holocaust*（New York: Knopf，1996）中关于大屠杀的观点是错误的。大屠杀，并非如他宣称的那样，是源自特属于德国政治文化的一种思想模式，它数百年来一直存在，纳粹只是将其表现了出来而已。尽管德国出现了反犹主义，但这在整个欧洲的绝大部分地区也到处可见——如法国（由 19 世纪末的德雷福斯事件可见）以及波兰和俄国的大屠杀；并且 16 世纪后期反宗教改革期间，将犹太人隔离在犹太人区，一直是教会奉行的政策。毋宁说，大屠杀的教训在于，一个极权的、好战的强大国家中的一个魅力非凡的领袖，借助其狂热的不断宣传，激起足够数量的民众从事那极大的和可怕的邪恶计划。有这样的国家存在，大屠杀可能会在任何一个地方发生。而且，并非所有的德国人都听信希特勒对犹太人的攻击谩骂，而为何有一些人相信了，这也无法只通过当地的反犹主义来解释。另可参见 *Unwilling Germans?*

The Goldhagen Debate，ed. Robert R. Shandley，trans. Jeremiah Riemer（Minneapolis：University of Minnesota Press，1998）；在这本书中，几个现代德国学者对戈德哈根的书进行了评论和讨论。

[23] 参见 Martin Gilbert，*Winston Churchill: Never Despair*，Vol. Ⅷ（Boston：Houghton Mifflin，1988），p. 259。

[24] 参见 Barton Bernstein，"The Atomic Bombings Reconsidered,"*Foreign Affairs*，74：1，January-February 1995。

[25] 参见 Gerhard Weinberg，*A World at Arms*（Cambridge：Cambridge University Press，1994），pp. 886-889。

[26] 对邪恶的一个极大的诱惑是空中军事力量。说来也怪，德国空军的官方军事学在这一点上的观察非常准确（即使是基于错误理由）：空军乃用于在陆地和海上支援陆军和海军。恰当的军事学说主张：空军不准用来袭击平民。我认为，遵循这种学说，并不会影响美国陆军和海军击败日本军队的效果。1942 年 6 月，海军在中途岛击败日本舰队；1944 年 6 月，在远离塞班岛的菲律宾海海战中击败日本的运输舰队，并且在 1944 年 10 月，在莱特岛北部的圣贝纳迪诺海峡以及莱特岛南部的苏里高海峡中削弱了日本舰队。当海军陆战队占领了马绍尔群岛、关岛、塞班岛和硫黄岛，陆军占领了新几内亚和菲律宾，便结束了冲绳的战事。

[27] 为了公平地对待谢尔曼，必须要指出 1864 年秋天他的部队经过佐治亚州时，毁坏的只是财物。他们没有攻击平民。

[28] 参见汉娜·阿伦特（Hannah Arendt）的 *Eichmann in Jerusalem*（New York：Viking Press，1963），尤其是附录的最后四页关于判断作用的论述。

[29] 此学说源自圣安布罗斯和圣奥古斯丁，他们引用了古希腊和古罗马经典作家的说法。Roland Bainton 的 *Christian Attitudes toward War and Peace*（Nashville：Abingdon Press，1960）在第 91-100 页也提供了对奥古斯丁的一个有用的总结。奥古斯丁对自己的观点没有专门论著也没有持续地讨论过，所以他的观点必须从其各种著作中收集。还可以参见 St.

Thomas Aquinas, *Summa Theologica*, Ⅱ-Ⅱ, Question 40, Articles 1-4；以及 Francisco de Vitoria, "On the Law of War," in *Political Writings*, ed. A. Pagden and J. Lawrence（Cambridge：Cambridge University Press, 1991），pp. 295-327。拉尔夫·波特（Ralph Potter）在他的 *War and Moral Discourse*（Richmond：John Knox Press, 1969）中对基督教学说的一般性讨论提供了书目评论和参考文献。对古代世界的一个有益的考察，参见 Doyne Dawson, *The Origins of Western Warfare*（Boulder：The Westview Press, 1996）。

[30] 在这里，我要指出，尽管万民法和政治自由主义一样，都是严格意义上政治性的，但它**不是**世俗性的。我的意思是它不会通过诸如"非神学的"和"非形而上的"（社会和自然）理论去否定宗教的或其他的价值。有待公民和政治家去做决定的，是根据他们的整全性学说去判断政治价值的分量如何。进一步的讨论，参见 *Political Liberalism*, Ⅸ, "Reply to Habermas," §2, pp. 385-395, 以及 "The Idea of Public Reason Revisited," in *Collected Papers*, §6。

[31] 参见安斯康姆（G. E. M. Anscombe）强有力的论文 "War and Murder," in *Nuclear Weapons and Christian Conscience*, ed. Walter Stein（London：Merlin Press, 1961），pp. 45-62。这篇文章是为了反对牛津大学在 1952 年授予杜鲁门总统名誉学位的决定而写。本书 §14 的观点与安斯康姆在广岛这个特定问题上的观点是一致的。

[32] 有些人会反对使用此术语，但这些国家的确是法外国家。它们的战争本质就是王朝战争，造成了该社会大部分成员的根本利益和生命的牺牲。

[33] 我在这里所表达的主要理念，吸收了 J. S. Mill 的 *The Principles of Political Economy*, 1st ed.（London, 1848），book Ⅳ, chap. 6 中关于"论静止状态"（The Stationary State）的思想。我追随密尔的如下观点：储存的目的在于使一个正义的社会基本结构成为可能；一旦确保了这一点，实际储存（实际资本的净增长）就再无必要。用他的话讲，"生活的艺术"

（The art of living）要比"生存的艺术"（the art of getting on）更加重要。实际储存和经济增长无限地向前向上发展，且不存在可预见的特定目标，这种思想属于资本主义社会产业阶级的理念。然而密尔的考量则是正义的基本制度，是他所谓"劳动阶级"的福祉。密尔说："……［在私有制的正义体系和社会主义中］做出抉择，主要取决于一个考虑：那就是两种制度中何者会给人类带来更多的自由和自发性。在生活资料有了保障之后，人类的下一个强烈欲望就是个人自由。这种欲望（不像物质需要那样随着文明的进展而变得更加稳健和便于控制）会随着智力和道德能力的发展而日益强烈。"引自《政治经济学原理》（the *Principle*）一书在密尔生前的最后一版第七版的第二篇第一章第三节第九段。密尔在此所说的，与万民法及其政治价值的结构完全一致，尽管按照这样的表述我无法接受它。对密尔《政治经济学原理》的引用来自平装本，由乔纳森·赖利（Jonathan Riley）编辑，收录在 *Oxford World Classics*（Oxford：Oxford University Press，1994）。《政治经济学原理》的全本现在收录在 *The Complete Works of John Stuart Mill*, vols. 2 and 3, Introduction by V. W. Bladen，ed. J. M. Robson（London：University of Toronto Press，Routledge and Kegan Paul，1965）。

[34] 例如，北极的因纽特人就足够罕见，这种例子不需影响我们一般性的处理进路。我相信他们的问题可用一种特殊的方式加以解决。

[35] 参见阿马蒂亚·森的著作 *Poverty and Famines: An Essay on Entitlement and Deprivation*（Oxford：Oxford University Press，1981）。森和让·德雷兹（Jean Drèze）一起写的 *Hunger and Public Action*（Oxford：Oxford University Press，1989）确认了这些观察，并强调民主政体在妥善处理这些问题上的成功。参见他们在该书第 13 章第 25 页所做的总结。同时参见帕萨·达斯古普塔（Partha Dasgupta）的重要著作 *On Well-being and Destitution*（Oxford：Oxford University Press，1993）第 1、2、5 章各处。

[36] Sen, *Poverty and Famines*, p. 162.

[37] 在这里，我并没有使用"人口过剩"这个术语，因为它似乎意味着最优人口的理念。但那是什么呢？当将之与经济承受能力联系起来后，是否存在人口压力这个问题就是足够清楚的。这一点上，我得益于阿马蒂亚·森。

[38] 参见 Amartya Sen，"Population：Delusion and Reality，"*The New York Review of Books*，September 22，1994，pp. 62-71. On Kerala，see pp. 70ff。关于喀拉拉邦，参见第 70-72 页。1979 年中国的出生率为 2.8，喀拉拉邦为 3.0；而 1991 年两者这方面的数据分别是 2.0 和 1.8。

[39] 我这样说是因为许多穆斯林作者否认伊斯兰教容许在许多伊斯兰社会中常见的女性不平等现象，而是将之归咎于各种历史因素。参见 Leila Ahmed，*Women and Gender in Islam*（New Haven：Yale University Press，1992）。

[40] 参见 *Political Liberalism*，V：§ 6。

[41] Ibid.，V：§ 7.

[42] 这些由万民法来界定。

[43] Joshua Cohen，"A More Democratic Liberalism，"*Michigan Law Review*，vol. 92，no. 6（May 1994），pp. 1532-1533.

[44] 在这里，我利用了一条心理学原则：对支持政治制度的道德态度的社会学习，经由整个社会共同的制度和实践来进行最有效。但在文中提到的条件下，这种学习就会变弱。在一个现实主义乌托邦里，此心理学原则对可合理地提出来作为万民法内容的东西施加了限制。

[45] 我对不平等的讨论，一如既往地大大受益于斯坎伦。

[46] Charles Beitz，*Political Theory and International Relations*（Princeton：Princeton University Press，1979）.

[47] 博格在 "An Egalitarian Law of Peoples，"PAPA，23：3（Summer 1994）阐述的全球性平等主义原则，并不是陈述他自己所偏爱的观点，而是对他认为内在于《正义论》的一种观点的阐述。该原则陈述了他在如下问题

上的想法：假定采纳与《正义论》对待自由社会内部体系相同的方式的话，那么应该如何对待国际体系？

[48] Beitz，*Political Theory and International Relations*，p. 137.

[49] Ibid.，p. 141.

[50] Ibid.，pp. 153-163.

[51] 戴维·兰德斯（David Landes）在他的 *The Wealth and Poverty of Nations*（New York：W. W. Norton，1998）中有力地论证了这一点（尽管有时有点过于强烈）。参见他对欧佩克（OPEC）国家的讨论，第411-414页。兰德斯认为，石油储备的发现对阿拉伯世界来说是一个"巨大的不幸"（第414页）。

[52] 因为女性的平等正义之基本要素（包括良心自由和宗教自由）都已经有了保障，那么我可以假定人口增长是自愿的。这意味着女性没有受到宗教或她们在社会结构中的地位的胁迫。这显然需要更多的讨论，而我在这里无法详述。

[53] 对博格他自己的观点的陈述，参见他的 "Human Flourishing and Universal Justice，"发表在 *Social Philosophy*，16：1（1999）。博格在这里告诉我，他的观点的确也有一个目标和终止点。我在下文中提到，这引出了援助责任和博格在 "Universal Justice" 一文中提出的全球性平等主义的观点之间的差异究竟有多大的问题。由于在此前没有介绍过他的讨论的细节，我在此无法进行进一步的讨论。

第IV部分
结论

§17 公共理性与万民法

17.1 万民法并非种族中心主义的。在发展出万民法的过程 *[121]* 中，我说过，自由社会问：从它们自己的政治观念的视角出发如何面对其他社会？我们必须总是从我们当前所处之处出发，假如我们已经提前采取了所有合乎情理的措施去检视我们的政治观念的基础，并且对偏见和错误做了预防的话。有人反对说，从这样的出发点开始讨论就是种族中心主义的（ethnocentric），或只是西方的；对于这种异议的回答是：不，不必然是。它是否为种族中心主义的或只是西方的，取决于自由社会所采纳的万民法的**内容**。该万民法的客观性当然不取决于它产生的时代、空间，或文化起源，而是取决于它是否符合相互性标准，以及是否属于自由和正派人民所组成的社会的公共理性。

观察万民法，我们可以看到它的确符合相互性标准（§1.2）。它只问其他社会这样一个问题：在不屈从于一个下等或被支配的地位的条件下，他们可以合乎情理地同意的东西是什么呢？这里关键的是，万民法并不要求正派社会抛弃或改变他们的宗教制度并采纳自由制度。我们已经假定，正派社会会认同的万民法，与正义的自由人民会认同的那个万民法是相同的。这就使得该万民 [122] 法在其应用上是普遍的（universal in its reach）。万民法的确符合相互性标准，还因为它只问其他社会这样一个问题：一旦它们准备好与所有其他社会保持一种公平的平等关系的话，它们可以合乎情理地同意的东西是什么呢？它们不能论证说：与其他人民处于一种平等关系是一种西方的理念！除了这样的平等关系，人民及其政体还能期望与其他的社会保持别的什么关系吗？

17.2 宽容正派人民。如我们已经看到的那样，我们不能合乎情理地要求所有人民都变成自由的。这实际上是源自一种自由主义的万民法的宽容原则，及其从一类自由主义观念的一个家族中制定出来的公共理性理念。万民法表达了什么样的对其他社会的宽容观念呢？它是如何与政治自由主义联系起来的呢？如果我们要问，从道德上看，自由主义社会是否比正派等级制社会以及其他正派社会要好呢？并且如果所有社会都被要求成为自由的社会，那么世界会因此变得更加美好吗？那些持有自由主义观点的人可能会认为答案是肯定的，但这种回答忽略了保持人民间的彼此尊重以及每个人民保持他们自己的自尊的重要性，不至于一方面陷入对对方的蔑视，另一方面陷入痛苦和怨恨（见§7.3）。这些关系，并非每个人民（自由或正派的）各自的内部基本结构的问题。

毋宁说，在万民社会中维持人民间的**彼此尊重**，构成了万民社会的基本结构和政治氛围的一个核心部分。基于这些理由，万民法将正派人民看作这个更加宽广的社会的一员。由于万民法对立宪自由民主的理想充满信心，因此它允许正派人民找到他们自己的尊重这些理想的方式；以此方式，万民法表达了对正派人民的尊重。

整全性学说在自由民主政治中只扮演一个有限的角色。关于立宪本质要素和基本正义的问题，要通过一个公共的正义的政治观念及其公共理性来解决，尽管所有公民同时还会参考他们的整全性学说。鉴于自由民主社会存在的多元论的事实——这种多元论最好被看作人类理性在自由制度中运用所带来的结果——认同这样一个政治观念并将之作为公共辩护的基础，连同实现此观念的基本政治制度，它们就是我们可实现的社会统一的最合乎情理的和最深刻的基础。 *[123]*

我在前文中阐述的万民法，只不过将此相同的理念扩展到诸组织有序的人民所组成的那个政治社会罢了。万民法的目的是解决万民社会中出现的根本性的政治问题，它也必须建立在一种公共的正义的政治观念之上。我已经概括过这样一个正义的政治观念的内容，并且尝试去解释清楚它何以能得到组织有序的（自由的和正派的）人民的认可。当然，任何奉行扩张主义的社会都不会承认它，除非将之作为某种**权宜之计**的基础。在这种情形中，不存在任何和平的解决办法，它们中要么一方战胜并统治另一方，要么双方斗得精疲力竭只好暂时休战[1]。

　　有些人会觉得此事实难以接受。这是因为人们经常认为哲学的任务是发现一种论证形式，它总是能令人信服地挫败其他的论证。但是，并不存在着这样的论证。人们可能经常具有一些终极目的，它们要求这些人毫不妥协地反对其他终极目的。但如果这些目的被认为是足够重要的，并且如果一个或多个社会都应该拒绝接受政治上合乎情理的理念以及与之相伴的一系列理念，那么各社会将陷入一个僵局，战争就离它们不远了，一如美国内战的南北双方那样。政治自由主义从那些政治上合乎情理的理念开始，并且从中发展出对其自身的支撑。我们不是通过宣布战争是不合理的或浪费惊人的来寻求和平，尽管它确实可能是这样的；缔造和平，需要为人民准备一条发展其基本结构的道路，此结构支撑着一个合理程度上是正义的或正派的政体，并使得一种合乎情理的万民法成为可能。

§18 与我们的社会世界调和

18.1 万民社会是可能的。在 §1.1 我说过：当政治哲学扩展 *[124]* 了原来被认为是政治实践的可能性的限度时，它就是现实主义乌托邦。我们对社会未来的希望，建立在如下信念之上：此社会世界允许一个合理程度上正义的立宪民主社会作为一个合理程度上正义的万民社会的一员而存在。与我们的社会世界调和的一个关键步骤，是可看到这样一个万民社会的确是可能的。

回顾一下我经常提到的四个基本事实。这些事实可以通过对历史和政治经验的反思来加以确认。它们不是由社会理论发现的，也没有什么争议性，因为它们几乎是自明的。

（a）合乎情理的多元论的事实。自由民主的一个基本特征就是合乎情理的多元论的事实——相互冲突的合乎情理的整全性学说（包括宗教的和非宗教的学说，或者说世俗的学说）的一种多样性的事实，是该自由民主制度的文化的正常结果。不同的、无法协调的整全性学说，将会联合在一起支持所有学说都拥有平等的自由权的理念，以及政教分离的理念。即使每一个学说可能都会倾向于希望其他学说不存在，但学说、教派的多元性是它们拥有自己的平等的自由权的最大保障[2]。

（b）在多样性中实现民主统一的事实。此事实是：在一个立宪民主社会里，政治和社会统一，并不要求其公民经由一种宗教的或非宗教的整全性学说而统一起来。直到 17 世纪末或更晚，这还不是一种常见的观点。在那时，宗教的分裂被认为是一个政体的大敌。实际历史的经验表明，这种观点是错误的。尽管社会的 [125] 确需要一个理解的公共基础，但在一个自由民主社会中，此基础是由其政治和社会制度的合情理性和理性来提供的；而这些制度的优劣也是可以根据公共理性来做论辩的。

（c）公共理性的事实。此事实是：公民在一个多元的自由民主社会里意识到，基于他们不可协调的整全性学说，他们不能达成共识，或甚至无法取得彼此理解。因此，当公民讨论根本性的政治问题时，他们不诉诸这些学说，而是诉诸一类合乎情理的关于正当和正义的政治观念，也就是诉诸那些对作为公民的公民而提出来的在政治上合乎情理的理念。这并不意味着关于信仰的学说或非宗教（世俗）学说不能被引入政治讨论中；毋宁说，公民在引入这些学说的同时，也应该为得到宗教的或非宗教的学说支持的政治政策提供一些属于公共理性的充分基础[3]。

（d）自由民主的和平的事实。此事实在§5 中已讨论过，也就是在理想的情况下，组织有序的立宪民主社会间不会相互开战，并且它们只有出于自卫或者结盟以捍卫其他自由或正派的人民才会走向战争。这是万民法的第（5）条原则 [4]。

这四个事实提供了一种解释，表明一种合理程度正义的万民社会是可能的。我相信在一个由自由和正派人民所组成的社会里，万民法大部分时候（如果不是所有时候）将会得到尊崇，并因此被作为规制它们之间关系的准则。为了表明这一点，我们要从那将会被同意的万民法八原则（§4.1）出发，并且指出它们中没有任何一项会被违反。自由民主的人民和正派的人民很可能会遵循他们间的万民法，因为该万民法符合其根本利益；并且每一人民都希望尊崇它和其他人民所达成的协议，希望被其他人民看作值得信赖的。最有可能被违反的原则，就是那个对侵略性的法外国家的正义战争行为准则，以及对负担沉重的社会的援助责任。这是因为支持这些原则的理由要求极大的远见，并且经常会出现反对这种远见卓识的强大激情。但说服公众，使他们相信这些原则的巨大重要性，正是政治家的责任。 [126]

为了看清这点，请回想一下关于政治家在反对敌国的战争行为中所扮演的角色的讨论，以及政治家必须要准备去抵制的那些情绪和仇恨（§14）。相似的情况也适用于援助责任：一个负担沉重的陌生社会，其文化或人民等各个方面可能会妨碍其他社会对它产生自然的同情，或者导致其他社会低估或没有认识到人权在这个陌生社会中遭到侵犯的严重程度。其他社会对于不熟悉的负担沉重的社会的一种疏离感以及焦虑，都使得上述感受更加强烈。政治家可能会发现，很难令其人民的公共舆论相信：使其他负担沉重的社会有能力建立至少是正派的政治及社会制度，对他们自己而言也是极度重要的。

18.2 调和的限制。我在导论中指出了，有两个理念推动了万民法的制定。一个是由政治不正义及其冷酷无情和麻木不仁导致的人类历史上的巨大罪恶——不正义战争、压迫、宗教迫害、奴役等等。另一个主要理念是：一旦遵循正义的（或至少是正派的）社会政策和建立起正义（或至少是正派的）的基本制度，就可以把最严重形式的政治不正义清除的话，那么这些最大的恶最终也会被消灭。在一个世界里，如果这些巨大的恶都已被消灭，并且尊崇万民法的自由和正派人民建立起各种正义的（或至少是正派的）基本制度，那么我就称此世界为一个"现实主义乌托邦"。对现实主义乌托邦的说明（它遵循了康德晚期著作的传统）向我们揭示了一种社会条件，在这种社会条件下，我们可以合理地期待所有自由的和正派的人民，它们作为资质良好的成员，都可以归属于一个合乎情理的万民社会。

但是，这种调和毕竟有一些重要的限制。我仅提及两个。许多人——称他们为在历史上曾占统治地位的各种宗教的或世俗的学说的"激进主义者"——不能被协调进我所描述的这个社会世界中。对他们而言，由政治自由主义所展望的这个社会世界，如果不能说是一个绝对邪恶的世界的话，也是社会分裂、虚假学[127]说盛行的一场梦魇。一个人必须能够将一个社会世界看作既合乎情理的又理性的，他才能与这个社会世界实现调和。这种调和要求承认在自由和正派社会里以及在它们的相互关系中都存在着的合乎情理的多元论的事实。还有，人们还必须将这种多元论看作与合乎情理的整全性学说（包括宗教学说和世俗学说）相一致的 [5]。但最后这个政治自由主义要强调的理念，恰恰是那些激进主义者要否认的。

与那个实现了一种现实主义乌托邦理念的社会世界调和的第二个限制是：这个社会的许多组成成员可能会遭遇极大的不幸和痛苦，并且可能为精神空虚所困扰。（这正是许多激进主义者相信会发生的情况。）政治自由主义是一种关于自由主义的自由——在这方面，它与康德、黑格尔以及密尔的立场是一致的 [6]。它支持自由人民和正派人民的平等的自由，以及自由社会内自由平等公民的平等自由；并且它寻求各种方式去保障这些公民能够获得足够的通用手段（基本益品），以便使得他们可以明智地运用他们的自由。但是，他们的精神性福祉却没有得到这种保障。政治自由主义并不将精神问题看作无关轻重的；恰恰相反，正是因为它们是重要的，所以政治自由主义将它们留待公民他或她自己去决定。这并不是说宗教在某种程度上被"私有化"了；毋宁说，它没有"被政治化"（也就是，没有出于意识形态的目的对这些学说进行歪曲和削弱）。一方面是政治与社会制度，另一方面是与市民社会及其多种多样的社团（宗教的或世俗的）；这两者之间的劳动分工得到了充分的维持。

18.3 总结性反思。 现实主义乌托邦的理念，通过向我们展示一个合理程度上正义的立宪民主社会作为一个合理程度上正义的万民社会的一个成员而存在是**可能**的，从而使我们与我们的社会世界实现调和。它表明这样一个世界在某时某地是可以存在的，[128] 而不是必然存在或将会存在。但是，人们可能还是觉得：只要这样一个自由的和正派的政治与社会秩序的可能性还没实现，它就是不相关的。

尽管实现问题当然不是不重要的，但我相信这种社会秩序的可能性本身就能使我们与社会世界实现和解。这种可能性不仅仅是一种逻辑上的可能性，而是一种与社会世界的深层趋势和倾向相连的可能性。只要我们有充分的理由相信，一个能自我维持的、合理程度上正义的政治和社会秩序在我们社会之内与之外都是可能的，那么我们就可以合乎情理地期望我们或其他人在某时某地将会实现它，并且因此我们现在就能朝着这个实现方向做某些事情。无论我们是成功还是失败，单是这一点就足以驱散打退堂鼓和愤世嫉俗的危险。通过表明社会世界怎样可以实现现实主义乌托邦的特征，政治哲学为政治努力提供了长远的目标，而朝向这一目标的努力给我们今天所能从事的工作赋予了意义。

因此，对一个合理程度上正义的万民社会是否可能这个问题的回答，影响着我们对整个世界的态度。我们的回答在制定实际政策之前就已经影响了我们，并且限制或激励着我们参与这个世界的方式。拒斥一个正义的和组织有序的万民社会的理念，并将之看作不可能的，将影响这一态度的性质和基调，并且也将会

以一种显著的方式决定我们的政治。在《正义论》和《政治自由
主义》中，我为一种自由民主体制勾勒了一个较为合乎情理的正
义观念，并将之作为最为合乎情理的正义观的备选项。在这篇关
于万民法的专论中，我则试图扩展这些理念，目的是为身处一个
合理程度上正义的万民社会中的自由社会制定外交政策提供指导
方针。

　　如果一个合理程度上正义的万民社会（其成员使其权力服从
于合乎情理的目标）是不可能的；如果人类不能说已经无可救药
地是犬儒主义和以自我为中心的，也已经大多变得无道德；那么，
人们可能会与康德一起问道：人类在这地球上的生活，是否还值
得一过呢 [7]？

注释：

[1]　1864 年 7 月，在美国内战中北方处于劣势时，一个非正式的和平代表团
　　　前往里士满（Richmond）。据杰斐逊·戴维斯（Jefferson Davis）说："除
　　　非你们承认自治的权利，否则战争必将一直进行下去，直到我们这一代
　　　里最后一个人在其征途上倒下。我们不是为奴隶制而战，我们是为独立
　　　而战——否则，我们就会被灭绝。"参见 David Donald, *Lincoln*（New
　　　York：Simon and Schuster, 1995），p. 523。1864 年 12 月 6 日，在致国会
　　　的年度咨文里，林肯描述了南北双方的形势，他说："戴维斯并不打算欺
　　　骗我们。他也没给我们任何借口让我们可以欺骗自己。他不能自愿重新
　　　接受联邦，我们不会自愿放弃联邦。在他和我们之间问题是清楚的、简
　　　单的和无法改变的。这个问题只能由战争来考验，由胜利来决定。"参见

Roy F. Basler, ed., *Collected Works of Abraham Lincoln*（New Brunswick：Rutgers University Press，1953），vol. 8，p. 151。

[2] 詹姆斯·麦迪逊（James Madison）："只要某地存在着各种教派，就不能任由任何占多数地位的教派压迫和迫害其余的教派……美国充满各种教派，这是反对宗教迫害强有力的保障。"参见 Virginia Convention，June 12，1788. *Papers of James Madison*，ed. William T. Hutchinson and William M. E. Rachal（Chicago：University of Chicago Press，1962），vol. 11，p. 130。

[3] 参见《公共理性理念再探》§4。

[4] 孟德斯鸠将之定义为"这样的原则，即各国在和平的时候应当尽量谋求彼此福利的增进；在战争的时候，应该在不损害自己真实利益的范围内，尽量减少破坏"。参见 *The Spirit of Laws*，book 1，chap. 3。

[5] 第二次梵蒂冈大公会议以来的天主教、某种形式的新教、犹太教、伊斯兰教，都是这样的学说的例子。参见《公共理性理念再探》§3。

[6] 参见 §1.2-§7.3。

[7] "若正义不存，则此世界的生活于人类而言，已不值得一过。"参见 Kant，*Rechtslehre*，Ak：Ⅵ：332，在 §49 之后的注释 E。

公共理性理念再探

[131]　　　我所理解的公共理性理念 [1]，属于一种组织有序的立宪民主社会的观念。这种理性的形式和内容，也就是公民对它的理解方式以及它如何解释公民们的政治关系，都是民主理念本身的一部分。这是因为，民主的一个基本特征就是合乎情理的多元论这一事实，即有关宗教、哲学与道德的相互冲突的合乎情理的整全性学说之间呈现出来的一种多元性 [2]，这是民主社会的自由制度文
[132] 化的正常结果 [3]。公民们认识到，他们无法在不可调和的整全性学说的基础上达成一致，甚至无法相互理解。有鉴于此，他们就需要考虑，当根本性的政治问题出现危机时，他们彼此可以合乎情理地给出何种理由。我主张，在公共理性当中，关于真理或正当的整全性学说，应当由一种面向作为公民的公民提出的、政治上合乎情理的理念取代 [4]。

　　　公共理性理念的核心在于，它不批评也不攻击任何一种宗教的或非宗教的整全性学说，除非该学说与公共理性和民主政体的根本要素不相容。其基本要求在于，一种合乎情理的学说要接受立宪民主政体以及与之相伴随的正当法律的理念。虽然民主社会在其具体学说的影响力和积极性上有所不同，正如在西方欧美民主国家，以及以色列、印度那样，但找到一种适当的公共理性理念却是它们共同的关切。

§1 公共理性的理念

1.1 公共理性的理念在最深层次上界定了一些基本的道德与政治价值，这些价值用于确定立宪民主政府与其公民之间的关系，以及公民们之间的相互关系。简言之，它关注的是政治关系应当如何被理解。那些拒斥立宪民主及其相互性标准[5]的人，自然也会拒斥这一公共理性的理念。对他们来讲，政治关系是或敌或友的关系，是与那些属于或不属于一个特定宗教或世俗共同体的人之间的关系；或者它也可能是为总体真理而赢得全世界的无情斗争。政治自由主义并不能吸引有这种思维方式的人。在政治当中 [133] 表达总体真理的热情与属于民主公民身份的公共理性理念是不相容的。

公共理性的理念有一个确定的结构，如果忽视了其中的一个或更多的方面，它就可能显得不合理，一如它被应用于背景文化的时候那样[6]。它有五个不同的方面：（1）它所适用的根本政治

问题；（2）它所适用的人（政府官员以及公职候选人）；（3）由
一类合乎情理的正义的政治观念所给定的内容；（4）这些观念在
讨论以正当法律形式为民主人民制定强制性规范时的应用；（5）
公民们对从其正义观念中推导出的原则是否符合相互性标准所做
的审查。

　　而且，这种理性在三个方面是公共的：作为自由而平等的公
民们的理性，它是公众的理性（the reason of the public）；它的主
题是公共善，关涉两类根本性的政治正义问题，即宪法根本要素
与基本正义问题[7]；它的性质和内容是公共的，它们由一类被合
乎情理地认为是满足相互性标准的、合乎情理的政治正义观念在
公共推理中表达出来。

　　必须认识到，公共理性并不适用于对根本问题的所有政治讨
论，而只是适用于对我所称作公共政治论坛[8]中的问题所做的讨
论。这个论坛可以分为三个部分：法官，尤其是最高法院的法官
在做出决定时的言谈；政府官员，尤其是行政首长和立法者的言
谈；公职候选人及其竞选主管的言谈，尤其是在其公众演讲、政
党纲领和政治声明当中的言谈[9]。我们之所以需要这三个部分的
[134]　划分，是因为正如我后面会提到的，公共理性的理念并不以同样
的方式适用于这三种情形和其他情形[10]。在讨论我所称作广义的
公共政治文化时[11]，我们将会看到，公共理性的理念对法官的适
用比对其他人更严格，但出于那一理由进行公共辩护的要求总是
相同的。

　　与这三个部分的公共政治论坛不同且分隔开来的，就是我所

讲的背景文化^[12]。这就是市民社会的文化。当然，在民主社会中，这种文化不是由任何一种中心理念或原则来指导的，无论它们是政治的或宗教的。它的诸多不同的机构、社团及其内部生活都处于一种法律框架之下，该法律框架保障人们所熟知的思想与言论自由，以及自由结社的权利^[13]。公共理性的理念既不适用于背景文化及其多种非公共理性，也不适用于任何类型的媒体^[14]。有时候，看似拒斥公共理性的那些人，其实际意思是宣称在背景文化中要进行充分而公开的讨论^[15]。政治自由主义完全同意这一点。

最后是公共理性的**理想**，它与上述五个特征所刻画出来的公 [135] 共理性理念不同。当法官、立法者、行政首长、其他政府官员，还有公职候选人出于并遵循公共理性的理念而行动，并根据他们视为最合乎情理的正义的政治观念向其他公民解释他们支持根本政治立场的理由时，该理想就实现了，或者说得到满足了。通过这种方式，他们在彼此之间并且对其他公民履行了我所讲的公民性责任。因此，法官、立法者，还有行政首长，他们是否出于并遵循公共理性而行动，这是从他们的日常言行中持续地显示出来的。

公共理性的理想是如何由作为非政府官员的公民们来实现的呢？在代议制政府中，公民们投票选举代表——行政首长、立法者及其他类似的人，而不是为特定的法律而投票（除非是在州或地方层次上，他们可能就全民公决的问题直接投票，而这些很少是基本问题）。为了回答这一问题，我们说，从理想的角度讲，公民们要认为自己仿佛就是立法者，并扪心自问，他们会认为由何种满足相互性标准的理由所支持的哪种法令，若制定出来的话，是最合乎情理的 [16]。公民们把自己视作理想的立法者，并拒绝支持那些违背公共理性的政府官员和公职候选人，这种倾向如果既[136] 坚定持之且传播广泛，它就是民主的政治与社会根基之一，而且对民主的持久力量与活力而言至关重要 [17]。因此，公民们通过尽其所能让政府官员谨从公共理性的理念，从而履行了其公民性责任并支持了这一理念。如同其他政治权利与责任一样，这项责任根本上是一种道德责任。我强调它不是一项法律责任，因为那样的话它就与言论自由不相容了。

1.2 现在我来讨论我划分出来的公共理性的第三、四、五个方面。公共理性的理念产生于立宪民主社会中的民主公民身份的观念。公民身份这一根本的政治关系有两个特殊之处：首先，它是公民们在社会基本结构之内的关系，该结构是我们生而入其内、至死方能解脱的 [18]；其次，它是自由平等的公民之间的关系，这些公民作为一个集体来行使终极的政治权力。这两个特征立即引出这样一个问题：当宪法根本要素和基本正义问题面临危机时，结成这种关系的公民们如何能被约束去尊重其立宪民主制度的结构，并遵守在此制度下制定的法令与法律。合乎情理的多元论的事实以一种更加尖锐的方式提出了这一问题，因为这意味着公民之间因宗教和非宗教的整全性学说而产生的差异可能是不可调和的。那么，这些平等地共享终极政治权力的公民通过何种理想和原则来行使这一权力，从而使得人人都能就其政治决定向每一个人合乎情理地提出辩护呢？

我们这样来回答这个问题：公民在如下意义上是合乎情理的——若他们把彼此视为历世代的社会合作系统中自由而平等的成员，愿意根据他们视为最合乎情理的政治正义观念彼此提出公平的社会合作条款；同时，在其他公民接受这些条款的情况下，如果他们也同意根据这些条款而行动，即便在特殊情况下这意味着要牺牲他们自己的利益。相互性标准要求：当那些条款被当作最合乎情理的公平合作条款而提出之后，提出这些条款的人必须也认为其他人——他们也是自由平等的，而不是被支配或被操控 [137] 的，或由于处于较低的政治或社会地位而面临压力的公民——接受这些条款至少是合乎情理的 [19]。诚然，公民们也许会在哪个观念是最合乎情理的正义观这个问题上有分歧，但他们应该能同意所有这些观念都是合乎情理的，即便只是勉强如此。

因此，在宪法根本要素和基本正义问题上，当所有称职的政府官员都出于并按照公共理性而行动，当所有合乎情理的公民都在理想的意义上认为自己仿佛是遵循公共理性的立法者，那么，为表达大多数人意见订立的法律就是正当的法律。可能不是每个人都认为它是最合乎情理的或者最恰当的，但它在政治上（道德上）对作为公民的他或她具有约束力，而且应当如此被接受。每个人都认为所有人都至少合乎情理地发表了意见并投了票，因此所有人都遵循了公共理性并尊重了他们的公民性责任。

因此，基于相互性标准的政治正当性理念可表述为：只有当我们真诚地相信我们为自己的政治行动所提出的理由——假定我们要作为政府官员来提出这些理由——是充分的，而且我们也合乎情理地认为其他公民也可以合乎情理地接受那些理由，我们对政治权力的行使才是恰当的。这一标准适用于两个层次：一个是宪法结构本身，另一个是根据这一结构所制定的特定的法令和法律。政治观念若要成为合乎情理的，就只能为满足这一原则的宪法提供辩护。

为了更清楚地认识公共理性中所表达的相互性标准的作用，需要注意，它的作用就是把立宪民主制度中政治关系的本质确定为一种公民友谊关系。因为，当政府官员出于这一标准进行公共推理，而且其他公民也支持这一标准时，该标准就塑造了他们的根本制度。我举一个简单的例子：如果我们辩称，某些公民的宗教自由应当被否定，我们给他们提出的理由就必须不仅是他们能够理解的——斯文特斯（Servetus）也能够理解为什么加尔文想把他烧死在火刑柱上，而且也是我们可以合乎情理地期待他们作为自由而平等的公民能够合乎情理地予以接受的。无论何时，当基本自由权项遭到否定时，相互性标准一般都遭到违背了。因为有什么理由既能够满足相互性标准，又能够为否定一些人的宗教自由、把他人蓄为奴隶、对投票权施加财产限制、否定女性的选举权提供辩护呢？

既然公共理性的理念在最深的层次上界定基本的政治价值以及政治关系应当如何被理解，如果有人认为根本的政治问题应当由他们根据自己关于总体真理的理念——包括他们宗教的或世俗的整全性学说——为最佳的理由来决定，而不是由所有自由而平

[138]

等的公民可以共享的理由来决定，这些人就当然会拒斥公共理性的理念。政治自由主义认为，这种在政治当中对总体真理的坚持与民主公民身份以及正当法律的理念是不相容的。

1.3 民主源远流长，自其在古希腊发端直到今天，产生了许多不同的民主理念[20]。我在此只关心组织有序的立宪民主——这是我一开始就使用的概念，它也被理解为一种慎议民主（deliberative democracy）。慎议民主的决定性理念是慎议理念（the idea of deliberation）本身。公民们进行慎议的时候，他们交换看法，并就他们所支持的关于公共政治问题的理由进行辩论。他们设想，他们的政治观点可以根据与其他公民的讨论予以修正，因此这些观点并不仅仅是他们现有私人的、非政治利益的固定的结果。正是在这一点上，公共理性非常关键，因为它刻画的是这 [139] 样的公民们在宪法根本要素和基本正义问题上的推理。虽然我不能在此充分讨论慎议民主的本质，但我想提出几个关键点，以表明公共理性更广泛的地位与作用。

慎议民主有三个根本要素。一是一种公共理性的理念[21]，虽然并非所有这样的理念都是相同的。二是一种立宪民主制度的框架，它为慎议性立法机构确定了背景。三是公民们普遍遵循公共理性并在其政治行动中实现这一理想的知识和欲望。这些根本要素的直接含义就是，对选举提供公共资金支持，还有为就公共政策问题与议题所做的有序而严肃的讨论提供公共场所。必须使公共慎议成为可能，将其视为民主的基本特征，并摆脱金钱的诅咒[22]。要不然的话，政治就会由公司和其他组织起来的利益团体支配了，它们通过大量的竞选捐款，扭曲甚至排除了公共讨论与慎议。

　　慎议民主也认识到，如果不在立宪民主政府的基本方面对所有公民进行广泛的教育，如果没有对紧迫问题有所知情的公众，[140] 关键性的政治与社会决定完全无法做出。即使有远见的政治领导人想要进行合理的变革，他们也不能够说服接受了错误信息而又愤世嫉俗的公众接受和追随他们。例如，对于据称即将到来的社会保障危机，有一些明智的建议：放缓福利水平的增长速度，逐步提高退休年龄，对只能延长生命几周或几天的昂贵的临终医疗服务施加限制，最后，现在就提高税率而不是等到来年再面对更大的增额 [23]。但现实是，那些玩"政治大游戏"的人明白，这些明智方案没有一个会被人们接受。支持国际机构（比如联合国）的重要性、开支得当的对外援助、关注国内外人权等问题，情况也是一样。在不断追求金钱以资助竞选的过程中，政治系统根本无法运作，其慎议的力量处于瘫痪状态。

§2 公共理性的内容

2.1 如果一个公民在一个他或她真诚地认为是最合乎情理的、正义的政治观念的框架中进行慎思，而这种观念表达了其他人作为自由而平等的公民可以合乎情理地被期待去合乎情理地予以支持的政治价值时，他或她就运用了公共理性。我们每个人都必须有某些原则和指南，通过诉诸这些原则和指南，这种方式使上述标准获得满足。我已经提出过识别这些政治原则和指南的一种方式是，表明它们在《政治自由主义》中所称的原初状态中会得到人们的同意 [24]。其他人会认为，识别这些原则的其他不一样的方式更加合乎情理。

因此，公共理性的内容是由一类，而不是由一个单一的正义 [141] 的政治观念所给定的。存在许多种自由主义以及与之相关的观点，因此就有由一类合乎情理的政治观念所确定的多种形式的公共理性。"作为公平的正义"无论有多少优点，它都只是其中的一种。

这些形式的限制特征就是相互性标准，它适用于自由而平等的公民之间，而这些公民本身又被视为既合乎情理，又合乎理性的。三个主要的特征刻画了这些观念：

> 第一，一份确定的基本权利、自由权项和机会的清单（例如从立宪政体来看为人们所熟知的那些东西）；
> 第二，赋予这些权利、自由权项和机会特殊的优先性，尤其是对基于整体利益和完善论价值的主张的优先性；
> 第三，确保所有公民拥有有效行使其自由的通用手段的措施 [25]。

所有这些自由主义都采纳两个基础性的理念，即作为自由而平等的人的公民理念、作为历时性公平合作体系的社会理念。但由于这些理念可以不同的方式来解释，因此我们就得出了正义原则的不同表达式和公共理性的不同内容。即使政治观念界定的是同样的政治原则与价值，在如何对其进行排序或平衡的问题上，这些观念也会有所不同。我也假定，这些自由主义包含着实质性的正义原则，因此涵盖的不只是程序正义。它们要确定平等公民的宗教自由权、艺术表达的自由，还有涉及公平机会和确保充分足够的通用手段的实质性公平理念，以及许多其他的东西 [26]。

[142] 因此，政治自由主义并没有试图将公共理性一劳永逸地固定为一种受青睐的正义的政治观念 [27]。那不是一种明智的方法。例如，政治自由主义也承认哈贝马斯的商谈性的正当性理念（它有时被认为是激进民主的，而不是自由主义的）[28]，天主教关于共

同利益与团结的观念，如果根据政治价值来表达的话，政治自由主义也是承认的[29]。即使随着时间的推移，只有相对较少的观念占据主导地位，甚至有一种观念似乎占据了特别中心的位置，但可允许的公共理性形成总是多种多样的。进而，新的变化形式可能时不时被提出来，而旧的形式可能不复存在了。这种情况非常重要，要不然的话，从社会变革中产生的群体或利益团体的主张，[143]就可能遭到压制而不能获得恰当的政治发言权[30]。

2.2 我们必须把公共理性与人们有时候所说的世俗理性和世俗价值区分开来。它们与公共理性并不相同。因为我把世俗理性界定为根据整全性非宗教学说所做的推理。这种学说和价值观念过于宽泛，无法满足公共理性的目的。政治价值不是道德学说[31]，无论这些学说对于我们的理性和常识思考来说是多么容易获得或采用。道德学说与宗教和第一哲学处于同一层次。相反，自由主义的政治原则和价值虽然本质上是道德价值，但它们是由自由主义的正义的政治观念所确定的，并归于政治的范畴之下。这些政治观念具备三个特征：

　　首先，它们的原则适用于基本的政治与社会制度（社会基本结构）；

　　其次，它们可以在独立于任何类型的整全性学说的情况下被呈现出来（当然，它们可以得到这些学说之间合乎情理的重叠共识的支持）；

　　最后，它们可以从隐含在民主制度公共政治文化中的根本理念——比如作为自由而平等的人的公民观念、作为公平合作体系的社会观念——中被制定出来。

因此，公共理性的内容就是由那一类满足这些条件的、自由主义的、正义的政治观念的原则与价值所给定的。介入公共理性，就是在辩论根本政治问题的时候，诉诸这些政治观念中的一种，[144] 也就是诉诸它们的理想与原则、标准与价值。这项要求仍然允许我们随时把我们整全性的宗教或非宗教学说引入政治讨论中，只要我们在恰当的时候给出严格的公共理性去支持我们的整全性学说所支持的原则与政策。我把这一要求称作**限制条款**（*the proviso*），并在下文中对其进行详细讨论 [32]。

公共推理的一个特征，就是它完全从一种正义的政治观念之内出发。政治价值的范例包括那些在美国宪法序言中提到的东西：更加完善的联邦、正义、国内安宁、共同防务、总体福利、我们自己及子孙后代的自由之福。这些东西下面又包含着其他价值：比如，在正义之下我们也享有平等的基本自由权项、机会的平等、关于收入与税收分配的理想，以及其他许多东西。

公共理性的政治价值之所以不同于其他价值，是因为它们在政治制度中实现并成为其特征。这并不意味着类似的价值不能刻画其他社会形式的特征。有效性与效率的价值既可以刻画社会基本结构的政治制度的特征，也可以刻画各种团队和俱乐部的特征。但是，只有社会形式本身是政治的，一种价值才是严格政治性的。当这种价值在基本结构及其政治与社会制度的各部分中得以实现

的时候。这意味着，许多政治观念是非自由主义的，包括贵族制
与寡头制的观念、独裁制与专政体制的观念。所有这些都归于政
治的范畴之内 [33]。但我们只关注那些对立宪民主制度而言是合乎
情理的政治观念，这就是由合乎情理的自由主义政治观念所表达
的理想和原则，这是上文中已经交代清楚的。

2.3 公共理性的另一个根本特征是，它的种种政治观念应当是
完整的（complete）。也就是说，每一种观念都应当表达原则、标 [145]
准、理想，以及相应的探究指南，从而使它所规定的价值能够被
适当地排序或以其他方式统一起来，从而使得单凭那些价值就可
以给所有或近乎所有涉及宪法根本要素与基本正义的问题一个合
乎情理的答案。在这里，对价值的排序是根据它们在政治观念自
身之内的结构和特征来进行的，而不是主要根据它们在公民们的
整全性学说中的出现方式来进行的。对政治价值进行排序的时候，
不能把它们彼此分开分别对待，也不能脱离确定的语境。它们并
不是被整全性学说在幕后操纵的木偶 [34]。如果公共理性把这种排
序视为合乎情理的，这种排序就没有受到那些学说的扭曲。而公
共理性确实能够把对一种对政治价值的排序看作合乎情理的（或
不合情理的），因为制度结构是开放的，政治排序中的错误与差
距将会暴露出来。因此我们可以有信心说，对政治价值的这种排
序没有受到特定的合乎情理的整全性学说的扭曲。（我想强调说，
扭曲的唯一标准就是，这种对政治价值的排序本身就是不合情
理的。）

完整性的意义存在于这样一个事实之中：除非一种政治观念

是完整的，否则它就不可能成为一个充分的思维框架，无法在其中展开关于根本政治问题的讨论[35]。在公共理性方面，我们不能做的事情就是直接从我们的整全性学说或其中的一部分出发，从中推导出一种或若干种政治原则与价值，以及它们所支持的特定制度。相反，我们必须首先从一种完整的政治观念的基本理念着手，从中阐述它的原则与理想，并运用这些原则与理想所提供的论据。要不然的话，公共理性就容纳了太过直接而又零碎的论据。

[146]

2.4 现在我举几个政治原则与价值方面的例子，以说明公共理性的更具体的内容，尤其是相互性标准在其中既可适用又易遭违背的几种情况。

（a）考虑自主性这一价值。它可以呈现出两种形式：一种是政治自主性，即公民在法律上的独立性、有保障的完整性（integrity），以及他们与其他人平等行使政治权利；另一种是纯粹的道德自主性，它刻画了一种生活与思考的方式，要求批判性地省察我们最深层的目的和理想，就像密尔的个性理想所显示的那样[36]。作为一种纯粹的道德理想，无论我们如何设想它，考虑到合乎情理的多元论，它都无法满足相互性的约束，因为许多公民会拒斥它，比如那些持有特定宗教信条的公民。因此，道德的自主性不是一种政治价值，政治自主性则是。

（b）考虑大家熟悉的慈善的撒玛利亚人（the Good Samaritan）的故事。其中所诉诸的价值是严格的政治价值，而不是宗教的或哲学的价值吗？虽然广义的公共政治文化的观点允许我们在提出一项提议时引入福音书，但公共理性要求我们根据严格的政治价值对我们的提议进行辩护 [37]。

（c）考虑在讨论收入的公平分配时诉诸应得（desert）的问 [147]
题。人们习惯于认为，从理想的角度讲，分配应当根据应得来进
行。他们心目中的应得是什么意思？他们的意思是，不同职位的
人应当有必要的资格——法官必须有做法官的资格，而且所有人
都应当有公平的机会使自己有资格获得有利的职位吗？如果是这
样，那确实是一种政治价值。但是，按照道德应得来分配则不是，
如果道德应得指的是一个人总体品格的道德价值，包括整全性学
说在内的话。它不是一个可行的政治与社会目标。

（d）考虑一下国家在家庭和人们生活中的关切。所援引的政
治价值应当如何正确地划定？从传统来看，它一直被划定得非常
广泛。但在民主制度下，政府的正当关切只在于，公共法律和政
策应当以一种有序的方式来支持和规制对于政治社会长期再生产
而言必要的那些制度，包括家庭（形式要合乎正义）、养育孩子的
安排和公共卫生制度。这种有序的支持和规制建立在政治原则与
价值之上，因为政治社会被视为永续存在的，并且要世代相传地
维系它自身及其制度与文化。鉴于这种关切，政府似乎不会对任
何特殊的家庭生活形式以及性别关系有什么兴趣，除非它们在某
一方面影响了社会历时而有序的再生产。因此，诉诸一夫一妻制
或反对同性婚姻，认为它们处于政府对家庭的正当关切范围之内，
就会反映出宗教学说或整全性道德学说的思维。相应地，那种关
切似乎没有得到正确的划定。当然，可能有一些其他的政治价值，
根据这些价值这一划定是符合要求的。比如，如果一夫一妻制对

于女性的平等而言是必要的。或者同性婚姻对养育孩子具有破坏性 [38]。

[148]　　2.5 上述四个例子与我上文中所说的世俗理性形成对照 [39]。一种常见的观点是，在民主社会中，虽然宗教性的理由或宗派性的信条不应当用来为立法做辩护，健全的世俗观点却是可以的 [40]。但何为世俗观点？有人认为，任何一种反思性的、批判性的、可为公众所理解的、理性的观点都是世俗观点。他们讨论种种这样的观点，认为有些东西如同性恋是失格的或耻辱的 [41]。当然，（按照这种界定）有些这样的观点可能是反思性的和理性的世俗观点。但是，政治自由主义的一个核心特征是，它以看待宗教观点的方式同等看待所有这样的观点，因此，这些世俗的哲学学说并不提供公共理性。这种世俗的概念和推理属于第一哲学和道德学说，从而落在政治领域之外。

　　因此，在考虑是否把公民间的同性恋关系视为犯罪的时候，问题就不在于这些关系是否被健全的哲学和非宗教观点所刻画的充分的人类善的有价值的理念排除，也不在于那些有宗教信仰的人是否将其视为罪恶，而主要在于禁止这些关系的法令是否侵犯了自由而平等的民主公民的公民权利 [42]。这个问题要求有一种合乎情理的、正义的政治观念来界定那些公民权利，而那些权利始终是一个宪法根本要素的问题。

§3 民主中的宗教与公共理性

3.1 在考察广义的公共政治文化观点之前，我们先问一下：持 [149] 有宗教教义——其中有些建立在宗教权威之上，比如教会或《圣经》——的人同时也能够持有一种支持合乎情理的立宪民主制度的、合乎情理的政治观念，这如何可能？这些教义仍然能够基于正当的理由与自由主义的政治观念相容吗？为了获得这种相容性，这些教义仅仅把民主制度作为一种权宜之计来接受是不够的。姑且称持有宗教教义的公民为信教公民（citizens of faith），我们要问的是：他们如何可能成为民主社会全心全意的成员，也就是支持社会内在的政治理想与价值，而不是在政治与社会力量的权衡中勉强默认这一社会？这个问题表达得更加尖锐一些就是：那些有宗教信仰的人如何可能——以及有无可能——像没有宗教信仰的（世俗化的）人一样，即使其整全性学说在立宪制度之下不能繁荣发展，甚至会衰落，却仍然支持立宪制度？最后这个问题重新引出了正当性理念的重要性，以及公共理性在决定正当法律中的角色。

为了澄清这个问题，先看两个例子。第一个是 16、17 世纪天主教和新教的例子，那时宽容原则仅仅被当作一种权宜之计 [43]。这意味着，如果任何一方完全得势，它将把自己的宗教教义作为唯一可接受的信仰。如果一个社会的许多信徒都持有这种态度，同时假定在不确定的未来他们的相对人数大体上会保持相同的水平，这个社会也可能拥有一部类似于美国宪法的宪法，它会充分保护政治力量上大体对等但却尖锐分裂的种种宗教的自由权。这部宪法可以说是被当作一份维护国内和平的协定而受到尊重的 [44]。在这个社会中，政治议题可能是根据政治理念与价值来讨论的，以避免引发宗教冲突和教派敌意。公共理性在此所扮演的角色仅[150]　仅是止息分裂、促进社会稳定。然而，在这种情况下，我们并不拥有基于正当理由的稳定性，亦即由对民主社会政治（道德）理想与价值的坚定忠诚所确保的稳定性。

在第二个例子中，我们也没有获得基于正当理由的稳定性。它是这样一个民主社会：公民接受确保宗教、政治和公民自由权项的实质性宪法条款作为政治（道德）原则，但他们对这些宪法原则的忠诚是如此有限，以至于没有人愿意看到他或她的宗教教义或非宗教学说在影响力和信奉者的人数方面走向衰落，而且他们准备抵制或违反在他们看来有损其地位的法律。即便全部范围的宗教自由与其他自由权项一直得到维持，而且其教义也完全是安全的，他们仍然如此。我们再次看到，在这里，民主是有条件地而不是出于正当理由而被接受的。

这些例子的共同点在于，社会被分成分离性的群体，每一个群体都有与其他群体的利益不同且对立的根本利益，而且他们随时准备为这种利益抵制或违反正当的民主法律。在第一个例子中，它是一种宗教确立其霸权地位的利益；在第二个例子中，它是一种宗教的或者非宗教的学说维持其一定程度的成功与影响力的根本利益。虽然立宪制度可以保障所有可允许的学说的权利与自由权，从而保护我们的自由与安全，一个民主社会仍然必须要求我们每一个人，作为平等公民中的一员，接受正当法律所规定的义务[45]。虽然没有人会把自己的宗教或非宗教信仰置于危险之中，但我们每个人都必须永远放弃通过修改宪法以建立我们的宗教霸权的希望，或者放弃通过限定我们的义务以确保该宗教的影响力和成功的目标。保留这样的希望和目标，与所有自由而平等的公民的平等自由权这一理念是相冲突的。

3.2 解释一下我们此前提出的问题：那些有宗教信仰的人如何可能——以及有无可能——像没有宗教信仰的（世俗化的）人一 [151] 样，即使其整全性学说在立宪制度之下不能繁荣发展，甚至会衰落，却仍然支持立宪制度？答案在于，宗教或非宗教学说理解并接受如下这点：除了支持一种合乎情理的立宪民主，没有其他方式可以公平地保障其支持者的自由——一种与其他合乎情理的自由而平等的公民的平等自由权相一致的自由。在支持一种立宪民主制度的时候，一种宗教教义可以说，这是上帝为我们的自由所设定的限制，非宗教学说则可以用其他方式来表达[46]。但在任何一种情况下，这些学说都是在以不同的方式表述下述问题：良心的自由与宽容的原则如何与一个合乎情理的民主社会中面向所有公民的平等正义相契合。因此，宽容原则与良心自由必须在任何立宪民主观念中都占据核心的位置。它们奠定了根本的基础，所有公民都要将其当作公平的东西来接受，并用它来调整种种学说之间的竞争。

[152]

　　这里要注意，有两种宽容理念。一种是纯粹政治的，它是根据保护宗教自由的权利与责任来表达的，而所保护的宗教自由是与一种合乎情理的正义的政治观念相符合的。另一种不是纯粹政治的，而是从一种宗教或非宗教学说内部来表达的，就好比上文中所说的那样，这是上帝为我们的自由所设定的限制。这种说法提供了一个我称之为基于推测的推理的例证 [47]。在这种情形下，我们从我们相信或推测可能是其他人基本的宗教或哲学学说的东西出发进行推理，然后试图向他们表明，虽然他们可能有如此这般的想法，他们仍然能够支持一种合乎情理的正义的政治观念。我们不是自己在断言宽容的那种根据，而是将之作为他们也可以主张的、与他们的整全性学说相一致的东西提出来。

§4 广义的公共政治文化观点

4.1 现在我们考虑一下我所称作广义的公共政治文化观点，并讨论它的两个方面。一是，合乎情理的整全性的宗教或非宗教学说随时可以被引入到公共政治讨论中，只要在恰当的时候也能给出严格的政治理由——而不仅仅是由整全性学说所给出的理由，这些政治理由要足以支持所引入的整全性学说试图支持的东西。我把提出严格政治理由的这项要求称为限制条款，它把公共政治文化与背景文化区分开来 [48]。二是，对于把整全性学说引入公共政治讨论，可能有一些正面的理由。下面我依次讨论这两个方面。

显然，就如何满足限制条款，可以提出许多问题 [49]。其中一个是：它何时需要满足？是同一时间，还是后来的某个时间？还有，尊重限制条款的义务落在谁身上？限制条款需要基于人们的真心诚意得到恰当的满足，把这一点说清楚并确定下来非常重要。但如何满足这一限制条款，其细节必须在实践中探索出来，而不 [153]

可能由一类提前给出的、清晰的规则来确定。它们如何产生出来，是由公共政治文化的性质所决定的，并要求有良好的判断力和理解力。同样重要的是要注意到，把宗教与世俗学说引入公共政治文化，假定满足了限制条款，也没有改变公共理性本身当中辩护的性质和内容。这一辩护仍然是根据一类合乎情理的正义的政治观念来给出的。但对于宗教或世俗学说自身要如何表达，并没有限制或要求。比如，这些学说不必符合某些逻辑标准，或者接受理性的评估，或可以得到证据上的支持[50]。是不是这样，要由提出者来决定他们希望自己所讲的东西如何为他人所理解。他们通常会有实际的理由，希望自己的观点能被更多的人接受。

4.2 公民们对在广义的公共政治文化[51]中表达出来的、彼此的宗教与非宗教学说有了相互了解后，他们认识到，民主社会的公民对其政治观念的忠诚的根基，在他们各自整全性的宗教与非宗教学说之中。通过这种方式，公民们对民主的公共理性这一理想的忠诚就以正当的理由得到加强了。我们可以把支持社会的合乎情理的正义的政治观念的那些合乎情理的整全性学说，视为那些正义观念关键性的社会基础，它们赋予这些观念持久的力量和活力。如果这些学说接受限制条款，并只在这种情况下才进入政治辩论，它们对立宪民主的承诺就得到了公共的宣示[52]。意识到这一承诺之后，政府官员和公民们就更加愿意尊重公民性责任，而他们对公共理性理想的遵循也就有助于促成这一理想所示例的那种社会。公民们承认合乎情理的整全性学说这一点为彼此知晓，其好处是提供了引入整全性学说的正面理据，它不仅仅是一种防

[154]

卫性的理据，即它们闯入公共讨论是绝对不可避免的。

比如，看看一个受到高度争议的政治议题，即对教会学校的公共支持[53]。站在不同立场的人很可能会怀疑对方对基本立宪价值、政治价值的忠诚度。因此，各方明智的做法就是引入他们的整全性的宗教或世俗学说，以便他们能够彼此解释他们的观点如何是确实支持那些基本的政治价值的。同时还可以考虑一下废奴主义者和参与民权运动的那些人[54]。无论他们多么强调其信条的宗教根基，限 [155] 制条款在他们那里都得到了满足，因此这些信条一如他们所声称的那样，支持基本的立宪价值，因此也支持合乎情理的正义的政治观念。

4.3 公共推理目的在于公共辩护。我们诉诸正义的政治观念，诉诸向公众开放的可确定的证据和事实，以便得出一些关于我们认为最合乎情理的政治制度与政策的结论。公共辩护不仅是有效的推理，而且也是向他人表达出来的论证：它从我们接受，并且认为他人也可以合乎情理地予以接受的前提出发，正确地推导出我们认为他人也可以合乎情理地予以接受的结论。这样做符合公民性责任，因为限制条款以恰当的方式得到了满足。

还有两种其他的言谈形式可以提一下，虽然它们都没有体现一种公共推理形式。第一种形式是宣告：我们每个人都声明自己整全性的宗教或非宗教学说，但并不期待与其他人共享。毋宁说，我们每个人都从自己的学说出发，表明我们如何能够而且确实支持一种正义的政治观念及其原则与理想。这样做的目的是告知其他认同不同整全性学说的人，我们也都支持归属于合乎情理的政治观念家族中的一种政治观念。根据广义的公共政治文化观点，信仰宗教的、援引慈善的撒玛利亚人这一福音寓言的公民并不就此止步，而是根据政治价值给这个寓言的结论做出一种公共的辩护[55]。通过这种方式，持有不同学说的公民们就打消了疑虑，而这强化了公民友谊的纽带[56]。

[156]　　　第二种形式是推测，其含义是：我们从我们相信或推测属于其他人的基本宗教信条或世俗学说出发，并试图表明，尽管他们可能持有如此这般的看法，但他们仍然可以支持一种可以为各种公共理性提供基础的、合乎情理的政治观念。公共理性的理想也因此得到加强。然而，推测必须是真诚的，而不是被其他东西操控的，这一点非常重要。我们必须公开解释我们的意图，并表明，我们不是简单地断言我们争论的前提，这样做是为了澄清我们认为别人可能有的误解，也许我们自己也有同样的误解[57]。

§5 论作为基本结构之一部分的家庭

5.1 为了更进一步说明公共理性的用处与范围，现在我来讨论有关一个具体制度即家庭的一系列问题[58]。为此，我要采用一种特定的正义的政治观念并考察它在社会基本结构中赋予家庭的角色。由于公共理性的内容是由所有满足相互性标准的合乎情理的政治观念所确定的，由这些政治观念所涵盖的关于家庭的问题的范围将会揭示作为一个整体的公共理性所包含的充足的讨论与辩论空间。 *[157]*

家庭是基本结构之一部分，因为它的主要职责之一就是为社会及其文化世代相传的有序生产和再生产提供一个基础。政治社会总是被视为一个无尽的历时性社会合作体系，在未来某个时候其事务要终结而社会要瓦解的想法与政治社会的观念是不合拍的。因此，从事再生产的工作是一个具有社会必要性的工作。据此，家庭的核心作用就是以合乎情理而又有效的方式安排对儿童的养育，确保他们的道德发展和教育融入更广泛的文化[59]。公民们必须具备支持政治和社会制度的正义感和政治美德。家庭必须养育和发展一定数量的这类公民，以维系一个持续长存的社会[60]。

[158]　　　这些要求对基本结构的所有安排都设定了限制，包括要努力实现机会平等。家庭对这一目标得以实现的方式施加了约束，对正义原则的表达也要尽力把这些约束考虑在内。我在此不能讨论这些复杂性，而只是假定，作为儿童，我们在一个小规模的亲密群体中长大，其中，年长者（通常是父母）拥有某种道德和社会权威性。

　　　5.2 为了公共理性能够适用于家庭，它至少必须部分地被看作一个政治正义问题。有人可能认为不是这样，认为正义原则并不适用于家庭，从而这些原则并不为女性及其孩子保障平等的正义[61]。这是一种错误的想法，它可能以如下形式出现：正义的首要主题是社会的基本结构，亦即把社会的主要制度组织成一个统一的历时性社会合作体系的一种安排。政治正义的原则应当直接适用于这一基本结构，而不应当直接适用于其中许多社团——家庭包含在其中——的内部生活。因此，有人可能认为，如果这些原则并不直接适用于家庭的内部生活，它们就不能保障妻子与其丈夫一起享有平等的正义。

　　　所有的社团都会出现同样的问题，无论这些团体是教会或大学、职业或科学团体、公司或工会。家庭在这方面并无特殊之处。让我说明一下：非常明显，自由主义的正义的政治原则并不要求教会的内部管理是民主的。主教和红衣主教并不需要选举产生；

与教会的职务等级相关的利益也不需要满足特定的分配原则，肯定不需要满足差别原则 [62]。这表明，政治正义的原则并不适用于教会的内部生活，这样做也不可取，而且与良心自由或结社自由也不一致，但正义原则本来是应当与这些自由保持一致的。

另外，政治正义的原则确实给教会的内部管理施加了某些根本的约束。教会不能实施事实上的不宽容，因为一如正义原则所要求的，公共的法律并不承认异端和叛教是犯罪，而教会的成员 [159] 总是可以自由地改变自己的信仰。因此，虽然正义原则并不直接适用于教会的内部生活，但它们确实通过所有教会和社团都受其制约的约束来保护其成员的权利和自由。这并不是要否认有适当的正义观念直接适用于大多数（如果不是所有）社团和群体之间，以及个人之间的各种关系。然而这些正义观念不是政治观念。在每一个个例中，什么是恰当的观念，这是一个独立的和另外的问题，在每一种特殊的情况下，它都要根据相关社团、群体或关系的性质与角色另行考虑。

现在考虑家庭。在此理念是一样的：政治原则并不直接适用于其内部生活，但它们确实给作为一种制度的家庭施加了根本的约束，以保障其所有成员的基本权利和自由权项、自由与机会。如我所说，它们是通过界定作为家庭成员的平等公民的基本权利而做到这一点的。作为基本结构的一部分，家庭不能侵害这些自由。既然妻子与丈夫同样是平等的公民，她们就同她们的丈夫拥有同样的基本权利、自由权项和机会。这一点，连同其他正义原则的正确适用，足以保障她们的平等与独立。

我们可以用另一种方式来讲这个例子。我们在两种观点之间做出区分，一种是人们作为公民的观点，一种是他们作为家庭以及其他社团成员的观点 [63]。作为公民，我们有理由对社团施加由正义的政治原则所确定的约束；而作为社团的成员，我们有理由限制这些约束，以便为适用于这种社团的自由和繁荣的内部生活留下空间。我们在此再次看到不同种类原则之间进行分工的必要性。我们不希望正义的政治原则——包括分配正义的原则——直接适用于家庭的内部生活。

[160]　　这些原则并没有告诉我们如何养育我们的孩子，我们也没有被要求按照政治原则去对待我们的孩子。那些原则用在这里是不合适的。诚然，在对待孩子的问题上，父母必须遵循某种正义（或公平）观念并给予他们应有的尊重。但是，在一定的限度内，这不是需要由政治原则去规定的问题。显然，禁止虐待和不照管孩子以及许多其他的东西会作为约束条件成为家庭法的重要部分。但是在某种意义上，社会不得不依赖成熟的家庭成员的自然情感与善意 [64]。

正如正义原则要求妻子拥有公民的所有权利，它们也代表儿童对家庭施加了约束，因为儿童作为社会的未来公民拥有基本权利。针对女性的一种历史久远的不正义就在于她们在抚养、培育和照顾孩子的任务方面担负了并继续担负着一种非正义的份额。而如果她们因为规制离婚的法律而遭受进一步的不公，这种负担就使她们变得高度脆弱。这些不正义不仅对女性，也对她们的孩子造成了严重的影响：它们往往会破坏孩子们在一个可行的民主社会中获得未来公民所需的政治美德的能力。密尔认为，他那个时代的家庭是培育男性专制主义的学校：它反复灌输与民主不相容的思维习惯以及情感和行为举止的方式[65]。如果是这样的话，完全可以援引一种合乎情理的立宪民主社会的正义原则去改革家庭。

5.3 更一般地讲，当政治自由主义在适用于基本结构的政治正义与适用于该结构内部种种社团的其他正义观念之间予以区分时，它并不是把政治与非政治领域视作分离的、断裂的两个空间，仿佛它们只受各自特殊原则的支配。即使唯有基本结构构成了正义的基本主题，正义原则也为家庭和其他所有社团设定了根本的限制。家庭和其他社团的成年成员首先是平等的公民，这是他们的 *[161]* 基本地位。他们参与的任何机构或社团都不能侵犯他们作为公民的权利。

因此，一种所谓的领域（domain）或者生活的领域并不是某种脱离正义的政治观念而预先给定的东西。一个领域并非某种空间（space）或场所（place），而仅仅是政治正义的原则如何被直接应用于基本结构并间接被应用于基本结构内部的社团的一种结果。确定公民平等的基本自由权项和机会的那些原则约束着并贯穿于所有所谓的领域。女性的平等权利以及她们的孩子作为未来公民的基本权利是不可剥夺的，无论她们身处何处，这些权利都保护着她们。限制那些权利和自由权项的性别区分被排除掉了[66]。因此，政治领域与公共领域、非公共领域与私人领域都是从正义观念及其原则的内容与应用中所产生的结果。如果所谓的私人领域被称作一种免受正义约束的空间，那么这种东西是不存在的。

基本结构是一个完整的社会系统，其中的每一部分都可能影响其他部分。其基本的政治正义原则划定了它的主要部分，确定了贯穿始终的基本权利。家庭只是该系统的一个部分（虽然是一个重要的部分），它历时性地形成基于性别的社会分工。有人已经提出市场中对女性的歧视是家庭中历史性性别分工的关键原因。两性之间最终的工资差别使得母亲比父亲花更多的时间与孩子相处从经济角度来讲是合理的。另外，有人认为家庭本身就是性别不正义的关键要素[67]。然而，一种自由主义的正义观念可能不得不允许在家庭内存在某些传统的性别分工，比如说一种基于宗教的分工，只要它是完全自愿的，并且不是源于不正义也不导致不正义。说这种分工在此情况下是完全自愿的，其意思是说，它[162]是人们基于其宗教所采用的——从政治的观点来看，这就是自愿的[68]——而不是因为社会系统其他地方存在的种种其他形式的歧视，使得夫妻在家庭中遵循某种性别分工是理性的且成本更低的。

有些人希望建立一个性别分工被降低到最低限度的社会。但对政治自由主义来说，这不可能意味着要禁止这种分工。我们不能提议简单地强制要求家庭中的平等分工或者以某种方式惩罚那些不采用这种分工的人。这种做法之所以要被排除，是因为这里所说的分工与基本自由权项包括宗教自由是联系在一起的。因此，在政治自由主义中努力把性别分工最小化就意味着努力达到某种社会条件，在此条件下，仍然保留下来的分工是出于自愿的。这在原则上允许大量的性别分工继续存在，只有非自愿的劳动分工才会被减少到零。

因此，家庭是一种关键的情形，我们从中可以看到，整个系统亦即基本结构是否为男男女女们提供了平等的正义。如果家庭中的性别分工确实是充分自愿的，那就有理由认为整个系统实现了两性的公平的机会平等。

5.4 既然民主的目标就是谋求所有公民的充分平等，包括女性的平等，它必须包含实现这种平等的种种安排。如果说女性所受的不平等的基本原因——如果说不是主要原因的话——是她们在家庭传统分工中承担了更多的生育、养育和照顾孩子的任务，那么就有必要采取措施，要么使她们承担平等的份额，或者为此对她们进行补偿[69]。在特殊的历史条件下，如何把这一点做到最好，这不是要由政治哲学决定的事情。但现在提出的一条比较普 [163] 遍的建议是，作为一条规则或指南，法律应当把妻子养育孩子的工作（当她承担这一负担时，这仍然是很常见的）视为使她有权平等分享丈夫在婚姻期间赚取的收入的依据。如果离婚的话，她应当享有家庭资产在此期间的增值额的平等的份额。

对这一规范的任何偏离都要求提供特别的和清楚的辩护。丈夫带着他的挣钱能力离开家庭，让他的妻子和孩子们比以前处于更不利的地位，这似乎是不能容忍的不正义。她们被迫自食其力，经济地位往往岌岌可危。一个允许这样做的社会并不关心妇女，更不关心她们的平等，更不用说关心她们的孩子了，而孩子正是这个社会的未来。

关键的问题可能是涉及性别的结构制度究竟涵盖什么内容？它们的界限如何划分？如果我们认为性别制度包括任何对女性及其作为未来公民的孩子们的平等自由权和机会构成负面影响的安排，那么这一体系肯定就应当经受正义原则的批评。那么问题就变成这些原则的实现是否足以补救性别制度的缺陷。这种补救部分地取决于社会理论和人类心理学还有许多其他的东西，它不可能单单靠一种正义观念来解决。

在总结我对家庭的这些评论时，我应当说，我并未就特殊的结论做充分的论证。倒不如重申一下，我仅仅想要证明一种正义的政治观念及其对政治价值的排序是如何适用于基本结构这个一体化社会系统以及如何能够涵盖该系统的许多（如果不是全部的话）不同方面。如我所说，这些价值在它们所关联的特殊政治观念之内被赋予了一种序列[70]。这些价值当中就包括女性的自由与平等、作为未来公民的儿童的平等、宗教自由，最后还有家庭在确保社会及其代代相传的文化的有序生产与再生产方面的价值。这些价值为所有公民提供了公共理性。我讲了这么多，不仅是为了"作为公平的正义"，而且是为了任何一种合乎情理的政治观念。

[164]

§6 关于公共理性的一些疑问

我现在谈谈关于公共理性概念的各种问题和疑虑，并试图消除它们。

6.1 首先，有人可能会反对说公共理性的理念对可用于政治辩论和讨论的主题和考虑会做出不合情理的限制，我们应当转而采用其他观点——我们可以称之为没有任何约束的开放观点。下面我讨论两个例子来反驳这种批评。

（a）认为公共理性限制性太强的一个原因是假定公共理性错误地试图提前解决政治问题。为了说明这一反对意见，我们来看看校园祷告的问题。人们可能认为对这一问题的自由主义立场会反对在公立学校中举行祷告活动。但为何如此？我们必须考虑所有可以用来解决这个问题的政治价值，看看决定性的理由在哪一方。1784—1785 年，亨利（Patrick Henry）和麦迪逊之间关于在弗吉尼亚建立圣公会教堂和允许在学校进行宗教活动的著名辩论

就几乎完全是仅仅通过参照政治价值来展开的。亨利主张建立教
堂的论点建立在如下观点之上："基督教知识具有纠正人的道德、
抑制人的恶习和维护社会安宁的自然倾向，如果不为有学识的教
师提供适当的条件，就无法实现这一目标。"[71] 亨利似乎不是在

[165] 声称基督教知识本身是良善的，而是将其当作一种实现基本政治
价值——亦即公民们善良而和平的行为——的有效方式。因此，
我认为他所说的"恶行"，至少部分地意指与政治自由主义中所发
现的政治美德相对立的 [72] 并由其他民主观念表达的行为。

　　祷告是否能够安排得满足政治正义的必要限制，这是一个显
见的难题。麦迪逊把这个难题放到一边，他对亨利提案的反对主
要集中在宗教建制对于支持一个有序的市民社会是否必要这一问
题上。他的结论是不必要。麦迪逊的反对也建立在国教建制对社
会以及宗教本身的完整性的历史影响上。他非常熟悉没有国教建
制的殖民地的繁荣，特别是宾夕法尼亚。他还引述早期基督教在
对抗敌对的罗马帝国时的力量以及过去国教建制的腐败 [73]。如果
细致观察，这里的许多（如果不是全部的话）论点都可以根据公
共理性的政治价值来表达。

　　学校祷告这个例子特别有益的地方在于，它表明公共理性的
理念并不是一种关于特定政治制度与政策的观点。相反，它是一
种关于当公民支持在关涉根本政治问题上调用政府强制权力的法
律和政策时，公民们对彼此提出他们的政治辩护应基于何种理由

[166] 的观点。这个例子特别有益的地方还在于，它可以用于强调考虑
到合乎情理的多元论的事实，支持政教分离的原则应当是所有自

由而平等的公民可以认同的。

政教分离的部分理由在于：它保护宗教和国家免受互相干涉；它保护公民不受他们的教会[74]的侵害，也保护公民免受彼此的侵害。说政治自由主义是一种个人主义的政治观念是错误的，因为它的目标是保护对于自由的种种不同的利益，这里既有社团的利益，也有个人的利益。认为政教分离主要是为了保护世俗文化也是一个严重的错误。它确实保护世俗文化，但这种保护并不比它对所有宗教的保护更多一些。宗教在美国的活力以及它广为人们所接受的事实常常被人们评论，仿佛它是美国人民特殊美德的象征。或许如此，但它也可以与如下事实联系起来：在这个国家，各种各样的宗教都受到第一修正案的保护，令其免受国家的干涉，而且没有任何一种宗教能够通过夺取和运用国家权力来支配和压制其他宗教[75]。虽然在共和国的早期，有些人无疑怀有这样的目标，但并没有得到严肃的实行。事实上，托克维尔认为民主在这个国家壮大有力的主要原因之一就是政教分离[76]。政治自由主义在接受这一命题方面与许多其他的自由主义观点相一致[77]。有些信仰宗教的公民觉得这种分离与宗教是敌对的并试图改变它。如果这样做的话，我相信他们没能抓住宗教在这个国家壮大有力的主要原因，一如托克维尔所说，他们似乎准备为了政治权力上的暂时收益而危害它。 [167] [168]

（b）另一些人可能认为公共理性之所以限制性太强，是因为它可能导致一种僵持（stand-off）的情形[78]，而不能在有争议的议题上形成决定。某种意义上的僵持确实可能发生，不仅在道德与政治推理中，而且在所有形式的推理中都是如此，包括科学与常识在内。当然，这是不相关的。相关的比较在立法者制定法律和法官裁决案件这种必须做出决定的情况中。在这里，必须制定一些政治行动规则，所有人都必须能够合理地认可做出决定的过程。回忆一下，公共理性认为负有公民性责任的公民的职责类似于负有判决案件责任的法官的职责。正如法官要通过判例所提供的法律根据、广为承认的法律解释标准以及其他相关根据来判案一样，当宪法根本要素和基本正义问题面临危机的时候，公民们要用公共理性来推理并接受相互性标准的指导。

因此，当似乎出现僵持的情形时，亦即当法律论据似乎在双方之间势均力敌时，法官不能仅仅通过诉诸自己的政治观点来判决案件。法官这样做就是在违背职责。公共理性也是一样：当僵持的情形发生时，如果公民们仅仅诉诸其整全性观点的根基性理由（grounding reasons）[79]，就违背了相互性标准。从公共理性的观点看，公民们必须为他们真诚地认为最合乎情理的政治价值排序而投票。否则的话，他们就没能以满足相互性标准的方式行使政治权利。

[169]　　特别是当发生堕胎等这类受到激烈争论的问题时，它们可能导致在不同政治观念之间僵持的情况，公民们就必须根据他们对政治价值的完整的排序就此问题进行投票[80]。事实上，这是人之常情，因为对观点的全体一致无从期待。种种合乎情理的正义的政治观念并不总是导向相同的结论[81]，持有相同观念的公民们也并不总是在特定的问题上意见一致。然而，如我此前所说，在一

个合乎情理的正义的立宪制度下，如果受到其他合乎情理的公民们支持的所有政府官员真诚地按照公共理性的理念来投票，那么这种投票结果仍然应当被视为正当的。这并不意味着这种结果是真确的或正确的，而是说它是合乎情理的和正当的法律，通过多数原则对公民形成约束。

当然，有人可能会拒绝一种正当的决定，比如罗马天主教徒可能拒绝一项承认堕胎权利的决定。他们可能以公共理性的形式 [170] 提出一种论证否认这种权利，却没有赢得多数[82]。但他们自己不必去运用堕胎的权利。他们可以承认这项权利属于正当的法律，而这种法律是根据正当的政治制度和公共理性制定出来的，从而并不以强力抵制这项权利。强力抵制是不合情理的，那会意味着试图通过强力把自己的整全性学说强加于人，而这种学说乃是遵循公共理性的其他多数公民所不接受的，而且他们不接受并非不合情理。当然，天主教徒可以按照公共理性的要求继续争辩，反对堕胎的权利。就像在任何其他形式的推理中一样，公共理性中的推理并非一劳永逸地被封闭了。而且，天主教会的非公共理性要求其成员遵循其教义，这与他们同时也尊重公共理性是完全一致的[83]。

我并不是要讨论堕胎问题本身，因为我的关注点不在这个问题上，而是要强调，政治自由主义并不认为公共理性的理想总是应当导致观点的普遍一致，而且如果它做不到这一点也不是一种缺陷。公民们从讨论和辩论中学习和获益，而且如果他们的论证遵循公共理性的话，即使共识无法达成，他们也引导了社会的政 [171]

治文化并加深了他们的相互理解。

6.2 在这一反对意见上的僵持背后的一些考虑导致了对公共理性的一种更加一般性的反对，亦即作为公共理性之基础的那一类合乎情理的正义的政治观念，其内容本身太过狭隘。这种反对意见坚持认为，我们应当总是提出我们认为真确的东西或者提出我们观点的根基性理由，也就是说它坚持认为我们应当表达从我们的整全性学说来看乃是真确或正当的东西。

然而，正如我开始所说的，在公共理性当中，建立在整全性学说之上的真理或正当的理念被一种面向作为公民的公民们提出的、政治上的合情理性理念取代了。为了建立所有自由而平等的公民都能共享的政治推理的基础，这一步骤是必需的。既然我们是在寻求对政治与社会制度——也就是政治与社会世界的基本结构——的公共辩护，我们就把人们当作公民来对待。这就赋予每个人以相同的基本政治地位。在面向所有公民给出理由的过程中，我们并不把人视作在社会中处于特定位置或属于某种学说传统的人，也就是处于某种社会阶级或以财产与收入来划分的群体之中的抑或是持有某种整全性学说的人。我们也不是在诉诸各人或各个群体的利益，虽然在某种程度上我们必须把这些利益考虑在内。毋宁说，我们把人们设想为合乎情理的和合乎理性的人，设想为自由而平等的公民，他们拥有两种道德能力[84]，而且在任何时候都有一种决定性的但可以发生历时性变化的善观念。公民的这些特点体现在他们参与社会合作的公平体系、为他们在根本政治问题上的判断寻求和提出公共辩护的时候。

我强调这种公共理性的理念与许多形式的非公共理性是完全相容的 [85]。这些非公共理性的形式属于市民社会中许多社团的内部生活，它们当然并不完全一样。不同的宗教社团的成员内部所共享的不同的非公共理性不同于种种科学团体的非公共理性。既然我们为社会上的所有公民寻求一个可共享的、可辩护的公共基础，那么向这里那里的特定的个人或群体给出辩护，直到所有人都涵括进来，这是达不到目的的。谈论社会中的所有人还是太宽泛了，除非我们假定他们在本性上基本是一样的。在政治哲学中，关于我们本性的种种理念的一个作用一直就是以标准的或典型的方式来设想人，以便他们都可以接受相同类型的理由 [86]。然而，在政治自由主义中，我们试图避免这种关于人性的自然的或心理学的观点以及神学或世俗学说。我们搁置了对人性的描述，取而代之的是一种将人视为公民的政治观念。

6.3 正如我自始至终所强调的，自由而平等的公民同时认同一种整全性学说和一种政治观念是政治自由主义的一个核心观点。然而，一种整全性学说与同它相伴随的政治观念之间的关系却很容易被误解。

当政治自由主义谈到整全性学说之间的一种合乎情理的重叠共识时 [87]，它的意思是所有这些宗教的和非宗教的学说都支持一种赞同立宪民主社会的正义的政治观念，该社会的原则、理想和规范满足相互性标准。因此，所有合乎情理的学说都认同这一社会及其相应的政治制度：面向所有公民的平等的基本权利和自由权项，包括良心自由和宗教自由 [88]。不能支持这一民主社会的整全性学说就不是合乎情理的学说。它们的原则和理想不能满足相互性标准，同时因为不同的原因它们无法确立起平等的基本自由权项。作为例证，可以看一看许多激进主义的宗教学说、君权神授学说和种种形式的贵族制学说以及不容忽视的许多专制与独裁学说的例子。

而且，一种合乎情理的整全性学说中的真实的判断绝不会同与之相关联的政治观念中合乎情理的判断相冲突。政治观念的合乎情理的判断仍然必须由整全性学说确认为真确的或正当的。当然，认同、修正或改变整全性学说是公民们自己的事情。他们的学说可能会压倒立宪民主社会的政治价值或者认为政治价值无足轻重，但此时公民们就不能声称这样的学说是合乎情理的。既然相互性标准是确定公共理性及其内容的一个根本要素，政治自由主义就将所有此类学说视为不合情理的而拒绝。

在一种合乎情理的整全性学说，尤其是宗教学说中，对价值的排序可能不同于我们的预期。因此，假定我们把拯救与永生——**神之圣见**（the *Visio Dei*）这类价值称作**超验**价值且认为这种价值高于或优越于立宪民主社会的合乎情理的政治价值。相对于那些超验价值来说，这些政治价值是世俗价值，因此处于一个不同的、仿佛也是更低的水平上。然而，这并不意味着这些更低的但却合乎情理的价值要被宗教学说中的那些超验价值压倒。事实上，一种**合乎情理的**整全性学说正是政治价值在其中不被压倒的学说，如果合乎情理的政治价值在一种学说中被压倒，那么该学说就是不合情理的学说。这是政治自由主义中所提出的政治上的合情理性这一理念的后果。回忆一下此前说过的：在支持立宪民主制度的时候，一种宗教学说可以说那是上帝给我们的自由权所设定的限制[89]。

还有一种更进一步的误解，它声称，在林肯与道格拉斯 [174]（Douglas）1858 年的辩论中，公共理性中的论证不能站在林肯的一边[90]。但为何不能呢？他们显然是在就奴隶制的对与错的根本政治原则进行辩论。既然拒斥奴隶制是确保平等的基本自由权项这一宪法根本要素的显见情形，林肯的观点肯定就是合乎情理的（即便不是最合乎情理的），道格拉斯的观点则不然。因此，林肯的观点可以得到任何合乎情理的整全性学说的支持。他的观点与废奴主义者和民权运动的宗教信条相一致也就毫不奇怪了。要说明公共理性在政治生活中的力量，难道还有更好的例证吗[91]？

6.4 第三个一般性的反对意见是，公共理性的理念是不必要的，它在一个稳固的立宪民主社会当中起不到任何作用。它的限制与约束主要是在这样一个社会中才有用：这个社会明显分裂成许多敌对的宗教社团和世俗群体，每一方都力争变成控制性的政治力量。这种反对意见因此认为在欧洲民主国家和美国的政治社会中，这些担忧是多余的。

然而，这种反对是错误的，在社会学的意义上也是有缺陷的。如果没有公民们对于公共理性的忠诚和对于公民性责任的尊重，整全性学说之间的分裂和敌对即使现在还不存在，也很快会爆发出来。不幸的是，整全性学说之间的融洽与和谐，还有人们对公共理性的坚守，并非人类生活的一个恒久的状况。相反，融洽与 [175]

和谐取决于公共政治文化的活力以及公民们忠诚于并努力实现公共理性的理想。一旦公民们看不到坚守公共理性理想的意义并开始忽略它，他们就很容易陷入痛苦和怨恨之中。

现在返回到这一部分的起点：我不知道如何证明公共理性并不具有太强的限制性以及它的种种形式是否得到了恰当的描述。我怀疑不可能做到这一点。但如果如我所信，绝大多数情形都适合公共理性的框架，不适合的那些情形又都有一些特征，这些特征既能让我们理解它们为什么会造成困难，又能告诉我们在它们出现时如何加以应对，那么这就不是一个严重的问题。进而这也提出了一些一般性的问题，即是否存在一些宪法根本要素和基本正义方面的重要案例？它们是否适合公共理性框架？如果有的话，它们为何会引起困难？在本文中，我不讨论这些问题。

§7 结论

7.1 自始至终，我都在关注当代世界的一个令人困扰的问题：民主能与种种整全性的宗教或非宗教学说相容吗？如果能，如何相容？当前，宗教与民主之间的诸多冲突提出了这个问题。为了回答这个问题，政治自由主义在一种自立式的（self-standing）正义的政治观念与整全性学说之间做了区分。一种建立在教会或《圣经》权威之上的宗教学说当然不是一种自由主义的整全性学说，其最主要的宗教与道德价值不是康德或密尔所倡导的那些价值。但它仍然可以支持立宪民主社会并认可其公共理性。这里的基本点是公共理性是一种政治价值并归属于政治范畴。它的内容是由一类满足相互性标准的、（自由主义的）正义的政治观念所给予的。它并不冒犯宗教信念和诚令，只要它们与根本性的宪法自由权项——包括宗教自由和良心自由——相一致。在宗教和民主 [176] 之间没有或者说不必有冲突。在这方面，政治自由主义明显区别于而且拒斥启蒙自由主义，后者在历史上攻击过正统的基督教。

　　在立宪民主社会合乎情理的正义原则的范围内，民主与合乎情理的宗教学说之间以及合乎情理的宗教学说本身之间的冲突得到了极大的缓解和控制。这种缓解应当归功于宽容的理念，而我区分了两种这样的理念 [92]。一种是纯粹政治的，它根据一些权利与责任——它们保护与一种合乎情理的正义的政治观念相一致的宗教自由——而得以表达 [93]。另一种不是纯粹政治的，而是从一种宗教或非宗教学说出发来表达的。然而，基于政治观念的合乎情理的判断仍然能够被一种合乎情理的整全性学说确认为真确的或正当的 [94]。因此，我假定，一种合乎情理的整全性学说接受对宽容的某种形式的政治论证。当然，公民们可以认为宽容以及立宪民主社会的其他要素的根基性理由不是政治的，而是应当在其宗教或非宗教学说中去寻找，他们也可以说，这些理由是真确的或正当的理由；他们可以把政治理由看作浅层的，而把根基性理由看作深层的。然而，这里没有冲突，只有和谐一致的判断，一个是从正义的政治观念内部得出的，一个是从整全性学说内部得出的。

[177]　　然而，通过公共理性所实现的调和仍然是有限度的。三种主要的冲突使得公民们处于矛盾之中：一种源于不可调和的整全性学说；一种源于地位、阶级立场或职业的差异，抑或是源于族群、性别或种族的差异；最后一种源于判断的重负 [95]。政治自由主义首先关注的是第一种冲突。它主张即便我们的整全性学说不可调和、不能妥协，认同合乎情理的学说的公民们仍然能够共享另一

类理由，亦即根据正义的政治观念所给出的公共理性。我也相信这样一个社会能够解决第二种冲突，它涉及的是公民们根本的政治、经济与社会利益之间的冲突。因为一旦我们接受合乎情理的正义原则并承认它们是合乎情理的（即便不是最合乎情理的），而且知道或合乎情理地相信我们的政治与社会制度满足这些原则，第二种冲突就不会产生或至少不会以如此强烈的方式产生。政治自由主义没有明确地考虑这些冲突，而是将其留给"作为公平的正义"或某种其他的合乎情理的政治正义观念。最后，从判断的负担中产生的冲突总是存在的，它限制着可能达成的共识的范围。

7.2 合乎情理的整全性学说不拒斥立宪民主政体的根本要素[96]。而且，合乎情理的人是以两种方式来刻画的：首先，他们愿意提出平等人之间社会合作的公平条款，而且在其他人也遵守这些条款的情况下他们就遵守这些条款，即便不这样做对他们会有好处[97]；其次，合乎情理的人们承认和接受判断的负担所带来的后果，这就导致了民主社会中合乎情理的宽容理念[98]；最后，就涉及正当法律的理念，合乎情理的公民们将其理解为适用于政治权威 [178]的总体结构[99]。他们知道在政治生活中，全体一致如果有的话也是极少的，因此，一部合乎情理的民主宪法必须包括绝对多数或其他相对多数投票程序，以便能够做出决定[100]。

当基本的政治问题面临危机时，就公共理性的目的而论，在政治上合情理性的理念本身就是足够的。当然，激进主义的宗教学说以及独裁与专制的统治者会拒斥公共理性与慎议民主的理念。他们会说，民主导致了一种与其宗教相悖的文化或者否定了唯有独裁或专制统治才能保证的价值[101]。他们声称，宗教上或哲学上真确的东西优先于政治上合乎情理的东西。我们只能说这样的学说在政治上是不合情理的。在政治自由主义中，无须多言。

　　我在开始的时候[102]提到一个事实，即在每一个现实的社会中，无论其合乎情理的公民在多大程度上处于支配和控制的地位，正常情况下都会包含诸多与民主社会不相容的、不合情理的学说：或者是某些宗教学说，比如激进主义的宗教；或者是某些非宗教的（世俗的）学说，比如独裁与专制的学说。我们这个世纪为之提供了骇人听闻的例证。在立宪民主制度中，不合情理的学说在多大范围内可以积极活动并受到容忍且没有提出新的和不同的问题，尽管在对公共理性的阐述中，我们一直集中于合乎情理的理念以及合乎情理的公民们的角色。不可能对合乎情理的学说的宽容有一种解释，而对不合情理的学说的宽容又有另一种解释。这两种情况都是通过恰当的正义的政治原则以及那些原则所许可的 [179] 行为来解决的[103]。不合情理的学说对民主制度构成一种威胁，因为除了作为权宜之计，它们不可能遵守立宪制度的约束。它们的存在对充分实现一种合乎情理的民主社会及其公共理性的理想以及正当法律的理念这一目标设定了限制。这一事实并非公共理性理念的缺陷或错误，毋宁说，它表明了公共理性所能达成的目标是有限度的。它并没有削弱试图最大限度地实现这一理想的巨大价值和重要性。

　　7.3 我想指出《正义论》与《政治自由主义》之间的根本区别以结束此文。前者明确地试图从以洛克、卢梭和康德为代表的社会契约理念中发展出一种正义理论，使之不再受到常常被认为对它而言是致命性的批评并证明它优于长期占主导地位的效用主义传统。《正义论》试图提出这种理论的结构特征，使之最接近我们关于正义的深思熟虑的判断，从而为民主社会提供最恰当的道德基础。进而，"作为公平的正义"在那里是作为一种整全性的自由主义学说而提出的（尽管那本书中并没有使用"整全性学说"这一概念），其中组织有序的社会的所有成员都认同这一学说。这种组织有序的社会与合乎情理的多元论的事实相矛盾，因而《政治自由主义》认为这个社会是不可能实现的。

因此，《政治自由主义》考虑一个不同的问题：那些认同某种整全性的宗教或非宗教学说，尤其是建立在宗教权威——比如教会或《圣经》——之上的学说的人，如何也可能持有一种支持立宪民主社会的、合乎情理的正义的政治观念？政治观念被认为既是自由主义的，也是自立的，而不是整全性的；而宗教学说可能是整全性的，但却不是自由主义的。这两本书是不对称的，尽管它们都有一种公共理性的理念。在第一本书中，公共理性是由一种整全性的自由主义学说所给出的；而在第二本书中，公共理性是一种对自由而平等的公民们所共享的政治价值进行推理的方式，它不冒犯公民们的整全性学说，只要这些学说与民主政体相一致。因此，《政治自由主义》中组织有序的立宪民主社会是这样一个社 [180] 会，其中占主导和控制地位的公民们认同不可调和的但却是合乎情理的整全性学说，并按照这样的学说去行动。这些学说反过来又支持合乎情理的——尽管并不必然是最合乎情理的——政治观念，这些政治观念确定了公民在社会基本结构中的基本权利、自由权项和机会。

注释：

[1] 参见 John Rawls, *Political Liberalism* (New York : Columbia University Press, paperback edition, 1996), Lecture Ⅵ, sec. 8.5。引自上书的材料，只标明第几讲和第几节；除非参考材料指的是整个一讲、一节或一小节，否则我将标出页码。请注意，除了其他内容，1996 年平装本中包含另一个新的导论，它试图把政治自由主义的某些方面阐述得更加明白。该导论第五部分第 1-lvii 页讨论了公共理性的理念，并概括了我现在坚持这一理念时所做的若干改变。这些东西在此文中都得以遵循并得到了详细阐述，它们对于完整理解我的论点非常重要。同时也请注意，平装本的页码与最初版本是一样的。

[2] 我将用"学说"（doctrine）一词指种种整全性观点，用"观念"（conception）一词指一种政治观念及其构成部分，比如作为公民的人的观念。"理念"（idea）一词是被当作一个更一般的概念来使用的，它可以指学说或观念，这要视上下文而定。

[3] 当然，每一个社会都包含着大量不合情理的学说。但在此文当中，我关切的是一种理想的、关于民主政府的规范性观念，亦即民主政府合乎情理的公民们的行为操守以及他们所遵循的原则，并假定他们处于主导和支配的地位。不合情理的学说在多大范围内可以积极活动并得到宽容，这要由正义原则及其所许可的活动类型来确定。参见 §7.2。

[4] 参见 §6.2。

[5] 参见 §1.2。

[6] 参见注释 12-15 中的相应文本。

[7] 对这些问题的描述，参见 Rawls，*Political Liberalism*，Lecture Ⅵ，sec.5，pp. 227-230。宪法根本要素所关系到的问题是，如果我们设想一部宪法可以由最高法院或某个类似的机构来解释的话，何种政治权利和自由可以被合乎情理地包含在成文宪法当中。基本正义问题关系到社会基本结构，因此会涉及基本的经济与社会正义问题，以及其他未被宪法涵盖的东西。

[8] 这个概念没有确定的含义，我所使用的含义并非我认为很特别的一种含义。

[9] 我们在这里遇到一个问题，即是否在候选人以及那些管理其竞选活动的人与其他卷入政治的公民们之间划出一条一般性的界限。我们解决这一问题的方法是，让候选人及其竞选团队对以候选人名义所说的话和所做的事负责。

[10] 在这一主题上的作者们常常使用一些对公共讨论的各个部分不予区分的概念，比如"公众广场"、"公共论坛"以及其他类似的概念。我遵循肯特·格里纳沃尔特（Kent Greenawalt）的看法，认为采取一种更好的区分是必要的。参见 Kent Greenawalt，*Religious Convictions and Political Choice*（Oxford：Oxford University Press，1988），pp. 226-227（比如他对一位宗教领袖如下两种行为之间的区别所做的描述：一是鼓吹或推动建立反对堕胎的组织，一是领导大型的政治运动或竞选政治职位）。

[11] 参见 §4。

[12] Rawls，*Political Liberalism*，Lecture Ⅰ，sec. 2.3，p. 14.

[13] 因此，背景文化包括：各种教会与社团、各种层次的学术机构（尤其是大学和职业学校）、科学或其他方面的协会的文化。此外，非公共的政治文化在公共政治文化与背景文化之间起到调节作用。这种文化是由各种（严格意义上的）媒体所构成的，包括报纸、评论和杂志，电话与电台以及许多其他形式的媒体。可以比较一下这些划分与哈贝马斯对公共领域的解释。参见 Rawls，*Political Liberalism*，Lecture Ⅸ，sec. 1.3，p. 382，n.13。

[14] 同上，Lecture Ⅵ，sec. 3, pp. 220-222。

[15] 参见 David Hollenbach，S. J.，"Civil Society：Beyond the Public-Private Dichotomy," *The Responsive Community*，5（Winter 1994-1995）：15。例如，他认为（第 22 页）："对共同利益的对话与辩论最初并不会在立法机构与政治领域（从狭义的角度设想的一个领域，利益与权力在其中得到裁定）中发生。相反，它们会在市民社会的那些构成部分当中自由地发展起来，这些构成部分是文化意义与价值的首要承载者，包括大学、宗教团体、艺术界以及严肃的报纸杂志。无论何时，一旦智谋周全的男男女女把他们对良善生活之意义的信念引入，与其他传统中的人对这种善的理解进行理智的和批判性的碰撞时，这种情况就可能出现。简言之，在存在对良善生活的意义进行教育或深入探究的地方，它都会出现。"

[16] 这一标准与康德关于原始契约的原则有些类似。参见 Immanuel Kant，*The Metaphysics of Morals：Metaphysical First Principles of the Doctrine of Right*，sec. 47-49，pp. 92-95（AK 6：315-18），ed. and trans. Mary Gregor，（Cambridge：Cambridge University Press，1996）；Immanuel Kant，*On the Common Saying："This May be True in Theory，but It does not Apply in Practice*," Part Ⅱ（AK Ⅷ：289-306），in *Kant：Political Writings*，ed. Hans Reiss，trans. H. B. Nisbet（Cambridge：Cambridge University Press，2d ed.，1991），pp. 73-87。

[17] 亦可参见 § 4.2。

[18] Rawls，*Political Liberalism*，Lecture Ⅰ sec. 2.1，p. 12. 关于至死方能解脱的讨论，同样参见此书，Lecture Ⅳ，sec. 1.2，p. 136 n.4。

[19] 在艾米·古特曼（Amy Gutmann）和丹尼斯·汤普森（Dennis Thompson）的 *Democracy and Disagreement*（Cambridge，Mass.：Harvard University Press，1996）一书第 1、2 章及全书各个地方，相互性理念都占据重要位置。但我们观点的含义和背景不是一回事。虽然政治价值是内在的道德价值，但在政治自由主义中，公共理性纯粹是政治的，而他们两个人的

解释更具一般性，而且似乎是从一种整全性学说出发的。

[20] 关于一种有益的历史考察，参见 David Held, *Models of Democracy*, 2d ed.（Stanford：Stanford University Press, 1997），作者在该书中所列举的模式涵盖了从古代城邦到当今的整个时期，他最后问道，民主在今天应当是什么意思。其间，他考察了多种形式的古典共和主义和古典自由主义，还有熊彼特的竞争性精英民主观念。他讨论过的人物包括柏拉图、亚里士多德、帕多瓦的马西利乌斯、马基雅弗利、霍布斯、麦迪逊、边沁、詹姆斯·密尔、约翰·斯图尔特·密尔以及信奉社会主义与共产主义的马克思。此书还配有关于典型机构及其角色的图示化模型。

[21] 慎议民主把公民们在支持其政治观点时可以给出的理由限定到与他们把其他公民视为平等者这一点相一致的理由上。参见 Joshua Cohen, "Deliberation and Democratic Legitimacy," in Alan Hamlin and Philip Petit eds., *The Good Polity：Normative Analysis of the State*（Oxford：Basil Blackwell, 1989）, p. 17, 21, 24；Joshua Cohen, Comment, "Review Symposium on Democracy and Its Critics," *Journal of Politics*, 53（1991）：223-224；Joshua Cohen, "Democracy and Liberty," in Jon Elster ed., *Deliberative Democracy*（New York：Cambridge University Press, 1998）。

[22] Ronald Dworkin, "The Curse of American Politics," *New York Review of Books*（October 17, 1996）, p. 19（此文解释了为何"金钱是民主过程的最大威胁"）。作者也强有力地反驳了联邦最高法院在 *Buckley v. Valeo* 424 US 1（1976）一案中的严重错误。参见 Dworkin, *New York Review of Books*, pp. 21-24；也请参见 Rawls, *Political Liberalism*, Lecture Ⅷ, sec. 12, pp. 359-363（巴克利"令人沮丧"，他在冒"重复洛克纳时代的错误"的风险）。

[23] Paul Krugman, "Demographics and Destiny," *NY Times Book Review*（Oct 20, 1996）, p. 12. 此文评论和解释了下面两部作品中的方案：Peter G. Peterson, *Will America Grow Up before It Grows Old? How the Coming*

Social Security Crisis Threatens You，*Your Family and Your Country*（New York：Random House，1996）；Charles R. Morris，*The AARP*：*America's Most Powerful Lobby and the Clash of Generations*（New York：Times Books，1996）。

[24] Rawls，*Political Liberalism*，Lecture I，sec. 4，pp. 22–28.

[25] 我在此所采纳的是我在以下作品中的界定：Rawls，*Political Liberalism*，Lecture Ⅰ，sec. 1.2，p. 6；Lecture Ⅳ，sec. 5.3，pp. 156–157。

[26] 或许有人认为，合乎情理的多元论的事实可能意味着，在整全性学说之间进行公平裁断的唯一形式必须只能是程序性的，而不是实质性的。这种观点参见 Stuart Hampshire，*Innocence and Experience*（Cambridge，Mass.：Harvard University Press，1989），该书做了有力的论证。但我在上文中假定，种种形式的自由主义都是实质性的观念。对这些问题的透彻分析，参见 Joshua Cohen，"Pluralism and Proceduralism," *Chicago-Kent Law Review*，69，no.3（1994）：589–618。

[27] 正如我在 *Political Liberalism*，Lecture Ⅳ，sec. 7.4 中表明的那样，我确实认为"作为公平的正义"在政治观念的家族中占据某种特殊的位置。但我的这一观点对于政治自由主义和公共理性的理念而言并非根本性的。

[28] 参见 Jürgen Habermas，*Between Facts and Norms*：*Contributions to a Discourse Theory of Law and Democracy*，trans. William Rehg（Cambridge，Mass.：MIT Press，1996），pp. 107–109。塞拉·本哈比（Seyla Benhabib）在 *Situating the Self*：*Gender*，*Community and Postmodernism in Contemporary Ethics*（London：Routledge，1992）一书中讨论公共空间的模式时讲道："商谈模式是唯一既与我们社会的总体社会趋势，也与新社会运动——比如女性运动——的解放渴求相容的模式"（第113页）。此前她考察过阿伦特的竞争性（agonistic）观念（她如此称呼这一观念）和政治自由主义的观念。但我发现很难把她的观点与某种形式的政治自由主义和公共理性区分开来，因为事实上她所谓的公共领域与哈贝马斯的是

一回事，也就是公共理性的理想并不适用的、《政治自由主义》称之为市民社会的背景文化的东西。因此，政治自由主义并不在她所理解的意义上是限制性的。而且，就我所见，本哈比并没有试图证明，隶属于公共理性的内容的特定正当与正义原则不能被加以解释，以处理女性运动所提出的问题。我怀疑这是有可能的。同样的道理也可以回应她早先的评论，参见 Seyla Benhabib, "Liberal Dialogue Versus A Critical Theory of Discursive Legitimation," in Nancy L. Rosenblum ed., *Liberalism and the Moral Life*（Cambridge, Mass.: Harvard University Press, 1989）, pp. 143, 154-156, 在这篇文章中，她对女性运动的问题以同样的方式做了讨论。

[29] 共同利益的理念对许多天主教的道德与政治思想而言是根本性的，它是从亚里士多德和圣托马斯那里衍生出来的。例如，可以参见 John Finnis, *Natural Law and Natural Rights*（Oxford: Clarendon Press, 1980, pp. 153-156, 160）; Jacques Maritain, *Man and the State*（Chicago: University of Chicago Press, 1951）, pp. 108-114。菲尼斯说得特别清楚，而阿奎那有时候比较含糊。

[30] 因此，杰里米·沃尔德伦（Jeremy Waldron）批评政治自由主义不承认新的和变动性的政治正义观念，这是不正确的。参见 Jeremy Waldron, "Religious Contributions in Public Deliberation," *San Diego Law Review*, 30（1993）: 837-838。对沃尔德伦批评的回答，参见 Lawrence B. Solum, "Novel Public Reasons," *Loyola Los Angeles Law Review*, 29（1996）: 1460。（"对一种自由主义公共理性观念的总体接受，会允许政治商谈发生充满活力的变迁"。）

[31] 参见我在本文注释 2 中对"学说"的界定。

[32] 参见下文 §4。

[33] 此处请参见 Rawls, *Political Liberalism*, Lecture Ⅸ, sec. 1.1, pp. 374-375。

[34] 这一想法是我从彼得·德马内夫（Peter de Marneffe）那里借用过来的。

[35] 这里要注意，不同的正义的政治观念会对宪法根本要素与基本正义问题

提出不同的解释。对同一种政治观念也会有不同的解释，因为其概念与价值可能是以不同的方式为人们所接受的。因此，一种政治观念终结于何处，它的解释从哪里开始，这两者间并没有一个明确的界限，也不需要这样一个界限。虽然如此，一种政治观念仍然极大地限制了可能对它提出的解释，否则，讨论和辩论就无从开始。比如，一部宣告了宗教自由——包括不信任何宗教的自由——以及政教分离的宪法，在教会学校是否可以接受公共资金资助，如果接受的话，又以何种方式接受这样的问题上可能仍然是保持开放的。个中差别，可以被视为如何解释同一种政治观念的问题：一种解释允许资助，一种则不允许；另一种情况是把它视为两种政治观念之间的区别。在缺少细节的情况下，我们怎么叫它都无所谓。重要之处在于，由于公共理性的内容是一类政治观念，这一内容就包含着我们可能需要的解释。这并不是说我们要被绑定在一种固定的观念上，更不是说绑定在对它的一种解释之上了。这是对 Kent Greenawalt, *Private Consciences and Public Reasons*（Oxford：Oxford University Press，1995）的评论，他在此书第 113-120 页中认为，《政治自由主义》在处理对政治观念的解释问题上是有困难的。

[36] John Stuart Mill, *On Liberty*（1859），ch. 3, pars. 1-9，in *Collected Works of John Stuart Mill*, ed. John M. Robson（Toronto：University of Toronto Press，1977），vol. 18, pp. 260-275.

[37] 关于限制条款与援引福音书的例子，参见 §4.1，对广义的政治文化观点的更详细的讨论，参见 §4。

[38] 当然，我在此并不打算就此问题给出确切的答案，因为我们关心的只是公共推理所涉及的理由与考虑的类型。

[39] 参见 §2.2。

[40] 参见Robert Audi, "The Place of Religious Arguments in a Free and Democratic Society," *San Diego Law Review*, 30（1993）：667。奥迪（Audi）在此对世俗理性的界定是："大体而言，世俗理性就是其规范性力量在证据上并

不取决于上帝的存在、神学的考虑或者作为宗教权威的个人或机构的声明的理性。"（第 692 页）这一界定在两种不同意义上的世俗理性之间含糊其词：一种是非宗教的整全性学说意义上的，一种是公共理性范围内的纯粹政治观念意义上的。奥迪认为，在给出宗教理由的时候，必须同时也给出世俗理由，这一观点如果取意恰当的话，可能与我在 § 4.1 中所说的限制条款有相似的作用。

[41] 参见 Michael Perry, *Religion in Politics: Constitutional and Moral Perspectives*（Oxford: Oxford University Press, 1997）第三章第 85-86 页对约翰·菲尼斯观点的讨论，该观点否认这类关系与人类善是相容的。

[42] 我在这里采纳了斯坎伦在其论文 "The Difficulty in Tolerance," in David Heyd ed., *Toleration: An Elusive Virtue*, p. 226（Princeton: Princeton University Press, 1996）中的观点。虽然整篇文章都颇富教益，但第三部分第 230-233 页与此尤其相关。

[43] 参见 Rawls, *Political Liberalism*, Lecture Ⅳ, sec. 3.4, p. 148。

[44] 肯特·格里纳沃尔特举了一个例子，它是一个由形形色色的狂热信徒所构成的社会。参见 Kent Greenawalt, *Private Consciences and Public Reasons*, pp. 16-18, 21-22。

[45] 参见 Rawls, *Political Liberalism*, Lecture Ⅴ, sec. 6, pp. 195-200。

[46] 一种宗教如何这样做，下面就有一个例子。阿卜杜拉希·艾哈迈德·安纳伊姆（Abdullahi Ahmed An-Na'im）在 *Toward an Islamic Reformation: Civil Liberties, Human Rights, and International Law*（Syracuse: Syracuse University Press, 1990）, pp. 52-57 中引入了对沙里亚伊斯兰法的传统解释进行再思考的理念，该法对穆斯林来讲是神圣法。要让他的解释为穆斯林所接受，它必须被展示为对该法的正确且更加高级的解释。他的解释的基本理念依循晚近苏丹作家乌斯塔德·马哈茂德·穆罕默德·塔哈尔（Ustadh Mahmoud Mohamed Taha）的观点：对该法的传统解释是基于穆罕默德后期麦地那时代的教义，而穆罕默德更早的麦加时代

的教义才是伊斯兰教永恒的和根本的神旨。他声称，更高级的麦加教义和原则被抛弃了，为的是支持更现实更实用的（就 7 世纪的历史背景而论）麦地那教义，因为社会还没有为前者的实施做好准备。既然历史条件已经发生改变，他相信穆斯林应当根据早期麦加时代来解释该法。如果这样来解释的话，他认为沙里亚伊斯兰法是支持立宪民主的。（同上，第 69-100 页）

特别是，对沙里亚伊斯兰法的早期麦加式解释支持男女平等，以及信仰与宗教问题上完全的选择自由，这两条都是与法律面前人人平等的立宪原则相一致的。安纳伊姆写道："《古兰经》没有提到立宪，但人类的理性思考和经验已经表明，立宪对于实现《古兰经》所指定的正义而良好的社会而言是必需的。对立宪的伊斯兰式的辩护和支持对穆斯林来讲既重要又相关。非穆斯林可以有他们世俗的或其他形式的辩护。只要所有人都同意立宪的原则与具体规则，包括完全的平等和排除基于性别或宗教的歧视，每一个人都能找到他或她自己愿意同意的理由。"（同上，第 100 页）这是重叠共识的一个完美的例子。我要感谢阿奎尔·比尔格拉米（Akeel Bilgrami）告诉我安纳伊姆的著作，同时也要感谢罗伊·默塔荷得（Roy Mottahedeh）与我进行的有价值的讨论。

[47] 参见 §4.3。

[48] Rawls，*Political Liberalism*，Lecture I，sec. 2.3，pp. 13-14.（我在这里把公共政治文化与背景文化做了对比。）

[49] 在此我要感谢与丹尼斯·汤普森所做的有价值的讨论。

[50] 格里纳沃尔特讨论过富兰克林·甘威尔（Franklin Gamwell）和迈克尔·佩里（Michael Perry）两个人的观点，他们确实对宗教应当如何展示出来施加了这样的约束。参见 Greenawalt，*Private Consciences and Public Reasons*，pp. 85-95。

[51] 一如既往，它不同于背景文化，我强调，在背景文化中不存在任何约束。

[52] 政治自由主义有时候遭到批评，说它本身没有对民主的这些社会根基提

出解释，也没有阐释其宗教和其他支持力量的形成问题。但政治自由主义确实认识到这些社会根基并强调它们的重要性。如果在一个社会中，宗教自由得不到尊重和珍视，那么，关于宽容和宗教自由的政治观念就是不可能的。因此，政治自由主义赞同戴维·霍伦巴赫（David Hollenbach, S. J.）的如下观点："在阿奎那所导致的转折当中，重要的一点就是他坚持认为，一个民族的政治生活并非他们所能获得的善的最高实现形式，这是一个处于有限政府的立宪理论根基之处的洞见。虽然在近代的很长时期内，教会都抵制自由主义所发现的现代自由，但自由主义在我们这个世纪的最后五十年来一直在再次改造天主教。对社会史与观念史上这些事件的记忆，以及天主教会自梵蒂冈第二次大公会议以来的经验使我抱有这样的希望：持有不同良善生活图景的共同体，如果愿意拿出勇气就这些图景进行对话和辩论，它们肯定会有所斩获。"参见 David Hollenbach, S. J., "Contexts of the Political Role of Religion: Civic Society and Culture," *San Diego Law Review*, 30（1993）: 891。虽然一种公共理性的观念必须认识到立宪民主的这些社会根基的意义，并注意它如何强化它的关键制度，它本身却不必费力研究这些问题。我要感谢保罗·魏特曼（Paul Weithman）让我注意到考虑这一点的必要性。

[53] 参见 Rawls, *Political Liberalism*, Lecture Ⅵ, sec. 8.2, pp. 248-249。

[54] 同上书, Lecture Ⅵ, sec. 8.2, pp. 249-251。我不知道废奴主义者和马丁·路德·金是否认为他们在实现限制条款的意图。但无论他们是否这样想过，他们都可以这样想。假定他们知道并接受了公共理性的理念的话，他们也会这样想的。在这一点上，我要感谢保罗·魏特曼。

[55]《路加福音》10: 29-37。很容易看到，福音书的故事如何可以用于支持相互帮助这一非严格的道德责任，这种责任在康德《道德形而上学基础》中的第四个例子那里可以看到。参见 Immanuel Kant, *Groundwork for the Metaphysics of Morals*, AK 4: 423, in Mary Gregor, trans, *Practical Philosophy*（Cambridge: Cambridge University Press, 1996）。为了只根据政

治价值来构造一个恰当的例子，不妨考虑一下差别原则或其他类似理念的一个变体。该原则可以被视为对穷人给予了特别的关切，就像在天主教的社会教义中那样。参见 Rawls, *A Theory of Justice*, sec. 13（此处界定了差别原则）。

[56] 关于这种言谈形式的相关性，我得益于与查尔斯·拉摩尔（Charles Larmore）的讨论。

[57] 我将提及另一种言谈形式，我称作见证（witnessing）：它典型地发生在理想的、政治上组织良好的、充分正义的社会中，其中，所有选举都是公民们根据他们认为最合乎情理的政治正义观念投票的结果。然而，可能有些公民仍然感觉他们必须表达出他们对现存制度、政策或立法的原则性异议。我设想，贵格会信徒接受立宪民主并遵守其正当的法律，然而他们同时可以合乎情理地表达出其和平主义的宗教基础（一个类似的例子，即天主教反对堕胎，我在§6.1中提到了）。然而，见证不同于公民不服从，因为它并不诉诸一种（自由主义的）正义的政治观念的原则和价值。虽然总体上这些公民接受支持立宪民主社会的、合乎情理的正义的政治观念，但在这种情况下他们仍然感到，他们不仅必须让其他公民知道他们的强烈反对意见的深层基础，而且也必须通过这样做来为他们的信仰做见证。他们同时接受公共理性的理念。虽然他们可能认为，所有合乎情理的公民通过发自良心遵循公共理性而投票的结果是不正确的或不真实的，他们仍然认为它是正当的法律并接受不违背它的义务。在这样一个社会中，严格说来不会有公民不服从或出于良心地拒绝。后者要求一个我称作接近正义但不完全正义的社会。参见罗尔斯《正义论》§55。

[58] 我一直认为，密尔的重要著作 *The Subjection of Women*（1869），in *Collected Works of John Stuart Mill*, vol. 21 第 259 页说得很明白，即一种正派的自由主义的正义观念（包括我所讲的"作为公平的正义"）意味着面向男女的平等正义。应当承认，《正义论》在这个问题上应当说得更加明

确，但这是我的错误而非政治自由主义本身的错误。受到以下作品的鼓励，我有信心认为，对女性的平等正义的自由主义说明是可行的：Susan Moller Okin, *Justice, Gender, and the Family* (New York: Basic Books 1989) ; Linda C. McClain, "'Atomistic Man' Revisited: Liberalism, Connection, and Feminist Jurisprudence," *Southern California Law Review*, 65 (1992): 1171; Martha Nussbaum, *Sex and Social Justice* (Oxford: Oxford University Press, 1998) (这是一部收录了她 1990—1996 年论文的文集，其中包括 1996 年所做的牛津大赦讲座即 "The Feminist Critique of Liberalism") ; Sharon A. Lloyd, "Situating a Feminist Criticism of John Rawls's *Political Liberalism*," *Loyola Los Angeles Law Review*, 28 (1995): 1319。我从她们的作品中受益良多。

[59] Rawls, *A Theory of Justice*, sec. 70-76 (我在这里讨论了道德发展的阶段以及它们与 "作为公平的正义" 的相关性)。

[60] 然而，一种正义的政治观念并不要求任何特殊的家庭形式（一夫一妻的、异性恋的或者其他的），只要对家庭的安排能够有效地完成这些使命且不与其他的政治价值相冲突就可以了。注意，这一观点为 "作为公平的正义" 处理男女同性恋者的权利与责任以及它们如何影响家庭的问题设定了方法。如果这些权利和责任与有序的家庭生活以及儿童的教育是相一致的，在其他条件相同的情况下，它们就是可允许的。

[61] 参见 Okin, *Justice, Gender, and the Family*, pp. 90-93。

[62] 差别原则在 Rawls, *A Theory of Principle*, sec. 13 中做了界定。

[63] 我的这个想法借自 Joshua Cohen, "Okin on Justice, Gender, and Family," *Canadian Journal of Philosophy*, 22 (1992): 278。

[64] 迈克尔·桑德尔（Michael Sandel）设想，"作为公平的正义" 的两原则对包括家庭在内的社团普遍适用。参见 Michael J. Sandel, *Liberalism and the Limits of Justice* (Cambridge: Cambridge University Press, 1982), pp. 30-34。

[65] Mill，*Subjection of Women*，chap. 2，pp. 283–298.

[66] Rawls，*A Theory of Justice*，sec. 16，p. 99.

[67] 这是奥肯（Okin）所用的概念，参见 Okin，*Justice*，*Gender*，*and the Family*，p. 6，14，170。

[68] 关于这一点，参见 Rawls，*Political Liberalism*，Lecture Ⅵ，sec. 3.2，pp. 221–222。它是不是严格自愿的以及在何种条件下才是严格自愿的，这是一个有争议的问题。简单说来，这个问题涉及合情理性与理性之间的区分：一种行为在一种意义上是自愿的，但在另一种意义上则可能不是。在理性的意义上它可能是自愿的：在即便包含着不公平条件的环境下做合乎理性的事情。或者一种行为在合乎情理的意义上是自愿的：在所有的相关条件很公平的情况下做合乎理性的事情。显然我是在第二种意义上解释"自愿的"这一概念的：如果所有的相关条件都是合乎情理的或公平的，坚持自己的宗教信仰就是自愿的。在做此评论的时候，我是假定自愿性的主观条件（无论它们是什么）都已经有了，我只考虑客观条件。对此做充分的讨论会让我们离题太远。

[69] 参见Victor R. Fuchs，*Women's Quest for Economic Equality*（Cambridge，Mass.：Harvard University Press，1988）。该书第三、四两章概括了一些证据，表明主要原因并不是如平常所说的那样是雇主歧视，第七、八章则提出了对策和建议。

[70] 参见 §2.3。

[71] 参见Thomas J. Curry，*The First Freedoms：Church and State in America to the Passage of the First Amendment*（Oxford：Oxford University Press，1986），pp. 139–148。上述引自该书第 140 页的话，来自拟议中的"关于创立基督教教师委任条件的提案"（1784）的序言。注意，广受欢迎的亨利也对杰斐逊的"关于确立宗教自由的法案"（1779）提出了强烈的反对，该法案在 1786 年弗吉尼亚议会二读时获得通过。参见 Curry，*The First Freedoms*，p. 146。

[72] 对这些美德的讨论，参见 Rawls, *Political Liberalism*, Lecture Ⅴ, sec. 5.4, pp. 194-195。

[73] 参见 James Madison, "Memorial and Remonstrance"（1785）, in *The Mind of the Founders*, ed. Marvin Meyers（Indianapolis：Bobbs - Merrill, 1973）, pp. 8-16. 其中第 6 段话提到基督教在对抗帝国时的活力，第 7 段和第 8 段话则谈到后来的国教建制对国家与宗教的腐化影响，这种影响是相互的。在麦迪逊与宾夕法尼亚的威廉·布拉德福德（William Bradford）——他在普林斯顿（新泽西学院）见过此人——的通信当中，没有宗教建制的宾夕法尼亚所取得的自由和繁荣受到了称赞和颂扬。参见 *The Papers of James Madison*（Chicago：University of Chicago, 1962）。尤其请参照麦迪逊 1773 年 12 月 1 日的通信，同上书，第 100-101 页；1774 年 1 月 24 日的信，同上书，第 104-106 页；还有 1774 年 4 月 1 日的信，同上书，第 111-113 页。布拉德福德在 1774 年 3 月 4 日写给麦迪逊的信中把自由称作宾夕法尼亚的天赋特色。同上书，第 109 页。麦迪逊的观点与我下面要提到的托克维尔的观点很相似。也可参见 Curry, *The First Freedoms*, pp. 142-148。

[74] 它通过保护改变宗教信仰的自由做到这一点，异端和叛教不是犯罪。

[75] 我在这里所指的是这样一个事实：从 4 世纪君士坦丁大帝早期开始，基督教就惩罚异端并试图通过迫害和宗教战争来毁灭它认为错误的教义（比如 13 世纪由教皇英诺森三世领导的、针对阿尔比教派的十字军东征）。这样做就要求动用强制性的国家权力。由教皇格列高利九世制度化以后，宗教裁判在 16—17 世纪的整个宗教战争期间都十分活跃。虽然大多数美洲殖民地都知道某种类型的国教建制（新英格兰的公理教、南部的新教圣公会），但由于美国宗教派别的多样性以及它们所支持的第一修正案，美国从来没有这样做过。宗教迫害的热情曾经是基督教的重大祸根。这种热情由路德、加尔文等新教改革家所分享，在天主教会中，直到第二次梵蒂冈大公会议之前都没有得到根本改变。在这次会议通过的宗教自

由宣言——*Dignitatis Humanae*——中，天主教会承诺坚持立宪民主制度中所实行的宗教自由原则。它宣告了建立在人性尊严之上的宗教自由的伦理信条，在宗教事务方面限制政府的政治信条，在与政治及社会的关系方面保持教会自由的神学信条。所有人，无论其信仰是什么，根据同样的条件都享有宗教自由的权利。参见 "Declaration on Religious Freedom（*Dignitatis Humanae*）：On the Right of the Person and of Communities to Social and Civic Freedom in Matters Religious"（1965），in Walter Abbott, S. J. ed., *The Documents of Vatican II*,（New York：Geoffrey Chapman, 1966），pp. 692-696。正如约翰·考特尼·默里所说："一种长期存在的含糊性终于被清除了。教会再也不根据双重标准——当天主教徒处于少数时，就奉行教会的自由，而当天主教徒处于多数时，就奉行教会的特权以及对其他教徒的不宽容——来处理世俗秩序了。"参见 John Courtney Murray, S. J., "Religious Freedom," in Abbott ed., *Documents of Vatican II*, p. 673。也请参见 Paul E. Sigmund, "Catholicism and Liberal Democracy," in *Catholicism and Liberalism：Contributions to American Public Philosophy*, ed. R. Bruce Douglas and David Hollenbach, S. J.（Cambridge：Cambridge University Press, 1994）中富有启发的讨论，尤其是第 233-239 页。

[76] Alexis de Tocqueville, *Democracy in America*（New York：Perennial Library, 1988）（J. P. Mayer, ed, George Lawrence trans）, pp. 294-301. 在讨论"使得宗教在美国壮大有力的主要原因"时，托克维尔说，所有天主教神职人员"都认为，使得宗教对他们的国家具有这种静悄悄的影响力的主要原因是完全的政教分离。我可以毫不犹豫地说，在我待在美国的整个期间，我没有碰到一个不同意这一观点的人，无论是世俗人物还是神职人员"（同上，第 295 页）。他继续说道："曾经有过一些与世俗政府紧密联系的宗教，它们既通过恐惧又通过信仰来支配人们的心灵。但当一种宗教从事这种联盟的时候，我敢说它犯了任何人都可能犯的同

样的错误。它为眼下牺牲了未来，通过获得一种它没有资格获得的权力，它冒了牺牲其正当权威的风险……因此，宗教不可能在不担负针对统治者的仇恨的情况下分享统治者的物质力量"（同上，第 297 页）。他评论道，这些观察更加适用于民主国家，因为在这种情况下，当宗教寻求政治权力的时候，它将把自己与一个特殊的政党捆绑在一起并因此担负起对该政党的敌意（同上，第 298 页）。在谈到宗教在欧洲衰落的原因时，他总结道："我深信，这种意外的和特殊的原因就是政治与宗教的密切联合……欧洲基督教让自己与这个世界的权力紧密地结合在一起了。"（同上，第 300-301 页）政治自由主义接受托克维尔的观点并将其视为在尽可能地解释整全性的宗教与世俗学说之间和平相处的基础。

[77] 就此而论，它与洛克、孟德斯鸠、贡斯当以及康德、黑格尔和密尔的思想是一致的。

[78] 我从菲利普·奎恩（Philip Quinn）那里借用了这个概念。这个理念出现在 Rawls, *Political Liberalism*, Lecture Ⅵ, sec. 7.1-2, pp. 240-241。

[79] 我用"根基性理由"这一术语，因为许多可能诉诸这些理由的人把它们当作种种公共理性的理想与原则以及种种正义的政治观念的恰当根基或真实基础，它们可能是宗教的、哲学的或道德的。

[80] 在 Rawls, *Political Liberalism*, Lecture Ⅵ, sec. 7.2, 第 243-244 页有一个脚注，有人可能很自然地把它解读成了为怀孕早期三个月内的堕胎权进行的论证。我并不想让它成为一个论证（它确实表达了我的观点，但我的观点并不是一个论证）。我错在给读者留下了谜团，即注释的目的是否仅仅是解释和确认此注释所关联的、正文中的如下陈述："与公共理性相冲突的整全性学说，仅仅是那些不能支持对（在这个问题上的）政治价值进行一种合乎情理的平衡（或排序）的学说。"为了解释我的意思，我就堕胎权这个麻烦的问题提出了三种政治价值（当然，还有更多），而这个问题看起来似乎是政治价值根本不可能适用的。我相信，对那些价值的一种更加详细的说明如果在公共理性当中恰当地予以完善的话，可

能会形成一个合乎情理的论证。我没有说是最合乎情理的或决定性的论证。我不知道这样的论证会是什么样子的，甚至不知道它是否存在。［这种更加详细的说明，有一个例证，参见 Judith Jarvis Thomson,"Abortion," *Boston Review*, 20（Summer 1995）11，尽管我倒想给它补充几条附录。］为了便于说明，现在让我们假定公共理性当中有一种对堕胎权的合乎情理的论证，但却没有任何对公共理性中政治价值的同样合乎情理的平衡或排序去赞成否认那一权利。在这种情况下，也仅仅在这种情况下，否认该权利的整全性学说就确实是与公共理性相冲突的。然而，如果它能够更好地满足广义的公共理性的限定条件，或者至少像其他观点一样好地满足这一限定条件，它就算是在公共理性当中据理力争了。当然，一种整全性学说可以在某一个或若干个议题上不合情理，而不必因此就完全是不合情理的。

[81] Rawls, *Political Liberalism*, Lecture Ⅵ, sec. 7.1, pp. 240-241.

[82] 关于这样的论证，参见红衣主教 Joseph Bernardin, "The Consistent Ethic: What Sort of Framework？" *Origins*, 16（October 30, 1986）: 347-350。他所提出的公共秩序理念包含这样三种政治价值：公共和平、对人权的根本保护、一个法律共同体中共同接受的道德行为标准。进而，他承认并非所有的道德命令都要被转译为禁令性的公民法令，他同时认为对一个政治与社会秩序来讲，保护人的生命和基本人权是根本性的。他希望在这三种价值的基础上为否认堕胎权进行辩护。我在此当然不想评价他的论证，而只是说它明显是通过某种形式的公共理性得出的。无论它本身是否合乎情理或者比其他的论证更合情理，这是另一个问题。与公共理性中的任何推理形式一样，这种推理也可能是不可靠的或者是错误的。

[83] 就我所知，这一观点与神父约翰·考特尼·默里关于教会在避孕问题上所应持有的立场的观点相似。他的观点参见：*We Hold These Truths: Catholic Reflections on the American Proposition* 157-158（New York: Sheed and Ward, 1960）。也请参见马里奥·科莫（Mario Cuomo）在

1984 年圣母大学系列讲座中关于堕胎问题的讲座，in *More Than Words: The Speeches of Mario Cuomo*（New York：St Martin's，1993），pp. 32-51。我要感谢莱斯利·格里芬（Leslie Griffin）和保罗·魏特曼与我讨论和澄清这里以及上一条注释中的要点并让我了解默里神父的观点。

[84] 对这两种道德能力即形成正义感的能力和形成善观念的能力的讨论，参见 Rawls, *Political Liberalism*，尤其是 Lecture Ⅰ，sec. 3.2, p. 19 以及 Lecture Ⅱ，sec. 7.1, p. 81；Lecture Ⅲ，sec. 3.3, pp. 103-104；Lecture Ⅲ，sec. 4.1, p. 108。

[85] 同上书，Lecture Ⅵ，sec. 4，pp. 223-227。

[86] 在这方面，有时候人们使用的是"标准化"（normalize）这一说法。比如，人们有某种宗教或哲学意义上的根本利益或者某些自然的基本需要；还有，他们可能有某种典型的自我实现方式。托马斯主义者会说，我们总是首先欲求其他一些甚至连我们自己也不知道的东西，即神之圣见；柏拉图主义者会说，我们为一种关于善的图景而努力；马克思主义者会说，我们致力于作为类的存在者的自我实现。

[87] 关于这一共识的理念在罗尔斯《政治自由主义》一书中许多地方都讨论过，尤其可参见 Lecture Ⅳ，还可以参考索引。

[88] 同上书，xviii（平装本）。

[89] 参见 §3.2。有时候人们会问，政治自由主义为何要把政治价值抬得如此之高，仿佛人们只能通过把那些价值与他们的超验价值进行对比评价才能这样做。但从文本中可以看到，政治自由主义并没有进行这样的比较，它也不需要这样做。

[90] 关于这一观点，参见 Michael J. Sandel, "Review of Political Liberalism," *Harvard Law Review*，107（1994）：1778-1782。更近的作品还有 Michael J. Sandel, *Democracy's Discontent: America in Search of a Public Philosophy*（Cambridge, Mass.: Harvard University Press, 1996），pp. 21-23。

[91] 或许有人认为，一种政治观念并非一个（道德上）对与错的问题。这种

看法是错误的，而且完全是不真实的。正如我从一开始就强调的，正义的政治观念本身就是内在的道德理念。它们同样是一种规范性的价值。另外，有人可能认为相关的政治观念是由人民事实上如何建立他们的现有制度所决定的，也就是说政治的领域（the political）仿佛是由政治活动（politics）所给定的。从这个角度看，1858 年奴隶制的盛行意味着林肯对它的批评是道德上的，是一个是非问题，当然不是一个政治活动问题。说政治的领域是由人民的政治活动所决定的，这或许是政治（political）这一术语的一种可能的使用方式。但如果是这样的话，它就不再是一种规范性的理念，也就不再是公共理性的一部分了。我们必须紧紧抓住作为一个根本范畴的政治（the political）理念并把政治的正义观念当作内在的道德价值来对待。

[92] 参见 §3.2。

[93] 参见 Rawls, *Political Liberalism*, Lecture Ⅱ, sec. 3.2-4, pp. 60-62。其要点可以以概要的形式做如下表述：（1）合乎情理的人并不都认同相同的整全性学说。这一点被说成判断的负担的后果。参见注释 95。（2）人们认同很多合乎情理的学说，但（从一种整全性学说内部出发来判断）并非所有这样的学说都可能是真确的或正当的。（3）认同种种合乎情理的整全性学说中的任何一种，都不是不合情理的。（4）我们承认，其他认同与我们不同的合乎情理的学说的人也是合乎情理的，因此也肯定不是不合情理的。（5）如果不再承认一种学说的合情理性，不再肯定我们对它的信念，我们并不因此而变得不合情理。（6）合乎情理的人们认为，如果他们拥有政治权力，使用这种权力去压制其他合乎情理的但却与我们不同的学说是不合情理的。

[94] 参见 §6.3。

[95] 对这些重负的讨论，参见 Rawls, *Political Liberalism*, Lecture Ⅱ, sec. 2。大体而言，它们就是合乎情理而又合乎理性的人们之间出现合乎情理的分歧的根源或缘由。它们涉及对不同证据与价值以及其他类似东西的权

衡，而且它们对理论与实践判断都构成影响。

[96] 同上书，p. xviii。

[97] 同上书，Lecture Ⅱ，sec. 1.1，pp. 49-50。

[98] 同上书，Lecture Ⅱ，sec. sec. 2-3.4，pp. 54-62。

[99] 同上书，sec. 1.2-3，pp. 135-137。

[100] 同上书，Lecture Ⅸ，sec. 2.1，pp. 393。

[101] 注意，宗教对民主的反对意见和对专制的反对意见都不能通过公共理性进行阐述。

[102] 参见注释 3。

[103] 参见 Rawls，*A Theory of Justice*，sec. 35（此处论述了对不宽容者的宽容）；Rawls，*Political Liberalism*，Lecture Ⅴ，sec. 6.2，pp. 197-199。

索 引 *

---

* 此处页码为原书页码，即本书边码。——编者注

相容，178

——are inevitable

不合情理的学说是不可避免的，
178

——a threat to democratic
institutions

不合情理的学说对民主制度构成
一种威胁，178

see also Fundamentalists

另见：激进主义者

Utilitarianism

效用主义，85

——not accepted by peoples as
principle of Law of Peoples

效用原则并不被人民纳入万民法
原则，40，50

Utility，overall：unworkability of
idea of

总体效用：不切实可行的理念，
13

See also Utilitarianism

另见：效用主义

V

Vatican Ⅱ

第二次梵蒂冈大公会议，21，

127n，154n

Veil of ignorance

无知之幕，30

——why thick and not thin

无知之幕为什么是厚实的而不是
轻薄的，31-32

——in extension of original position
to Law of Peoples

在扩展原初状态并应用到万民法
上时，无知之幕是存在的，32-
33，43

See also Original position

另见：原初状态

Vincent，R. J.

文森特，3n，65n

Voltaire

伏尔泰，36n

Voting：reasonableness of majority
rules

投票：多数规则的合情理性，87

W

Waldron，Jeremy

沃尔德伦，杰里米，143n

Walzer，Michael

沃尔泽，迈克尔，39n，76n，

图书在版编目（CIP）数据

万民法：公共理性理念再探 /（美）约翰·罗尔斯
（John Rawls）著；陈肖生译 . -- 北京：中国人民大学
出版社，2025.3. -- ISBN 978-7-300-33545-2

Ⅰ. D90

中国国家版本馆 CIP 数据核字第 202582EL87 号

万民法

公共理性理念再探

［美］约翰·罗尔斯（John Rawls）　著

陈肖生　译

Wanminfa

Gonggong Lixing Linian Zaitan

出版发行	中国人民大学出版社	
社　　址	北京中关村大街31号	**邮政编码**　100080
电　　话	010-62511242（总编室）	010-62511770（质管部）
	010-82501766（邮购部）	010-62514148（门市部）
	010-62515195（发行公司）	010-62515275（盗版举报）
网　　址	http：//www.crup.com.cn	
经　　销	新华书店	
印　　刷	北京联兴盛业印刷股份有限公司	
开　　本	890 mm×1240 mm　1/32	**版　　次**　2025年3月第1版
印　　张	10.5 插页 4	**印　　次**　2025年3月第1次印刷
字　　数	221 000	**定　　价**　89.00元